AF243348

DE L'ESPAGNE

ET

DE SES RELATIONS DIPLOMATIQUES

AVEC L'EUROPE.

MAI 1835.

PARIS,

IMPRIMERIE DE PAUL DUPONT ET Cie,

RUE LE GRENELLE-SAINT-HONORÉ, 55.

1835

DE LA ESPAÑA

Y

DE SUS RELACIONES DIPLOMATICAS

CON LA EUROPA.

EN MAYO DE 1835.

Uno de los caractéres del siglo en que vivimos, es la repugnancia general que inspira cualquier acto, en el que la humanidad sufre, y en que los principios generosos y sublimes á que devieron su orígen las ideas liberales se les vé peligrar á la dura accion de la barbarie y de la tiranía que fué la divisa de los siglos medios.

La civilizacion presente no resiste ya teorías, busca hechos, y los cadalsos y las cadenas con que el despotismo quiere comprimir la libertad, sea la que quiera la forma en que se apliquen, sea el que quiera el pais donde se lebanten, son mirados con el mismo horror por la civilizacion, que los tribunales revolucionarios, que las leyes de excepcion y que las doctrinas vagas y abstractas, que han llenado el mundo de sangre y luto; estamos en fin, en el siglo de lo positibo, en el siglo en que está ya demostrado que la ecsistencia de leyes justas, su observancia y respeto sacrosanto á ellas, es la sola garantía de la felicidad, de la paz y de la ventura de los pueblos.

Diez y nueve meses hace que la guerra civil ejerce sus furores en España ¿Y quien la promuebe? ¿Es por ventura una simple cuestion de sucesion al trono? No por cierto, ningun jurisconsulto español

DE LA ESPAÑA

Y

DE SUS RELACIONES DIPLOMATICAS

CON LA EUROPA.

DE L'ESPAGNE

ET

DE SES RELATIONS DIPLOMATIQUES

AVEC L'EUROPE.

DE LA ESPAÑA

Y

DE SUS RELACIONES DIPLOMATICAS

CON LA EUROPA.

EN MAYO DE 1835.

PARIS,

IMPRENTA DE PAUL DUPONT ET Cie,

CALLE DE GRENELLE-SAINT-HONORÉ, 55.

1835

DE L'ESPAGNE

ET

DE SES RELATIONS DIPLOMATIQUES

AVEC L'EUROPE.

MAI 1835.

Un des caractères du siècle où nous vivons, c'est l'indignation générale que soulève tout acte attentatoire aux droits de l'humanité, où mettant les principes généreux et sublimes qui enfantèrent les idées libérales aux prises avec la barbarie et la tyrannie qui voudraient se ressusciter du moyen âge.

La civilisation actuelle ne se paie plus de théories; elle veut des faits, et elle voit avec une horreur égale les échafauds dont s'arme le despotisme, quel que soit le pays où il les dresse, et les tribunaux révolutionnaires, les lois d'exception, ainsi que les doctrines vagues et abstraites qui ont couvert le monde de sang et de deuil; nous sommes enfin dans le siècle du positif, dans un siècle où il a été démontré que l'existence de lois justes et leur religieuse observation sont les seules garanties du bonheur, de la paix et du bien-être des peuples.

Depuis dix-neuf mois la guerre civile désole l'Espagne. Et qu'est-ce qui l'attise? serait-ce par hasard une simple question de succession au trône? non certes; car nul jurisconsulte espagnol, s'il n'est

llamado à juzgarla sin la prebencion anterior del espíritu de partido , ninguno duda ni ha dudado del derecho de la reyna; es tan claro y evidente como la luz, para todo el que conozca á fondo el derecho español.

En vano plumas mercenarias, nacionales y estrangeras, han querido sostener el derecho del pretendiente, sus razones han sido solo sofismas no haciendo mas que descubrir su completa ignorancia de la legislacion civil de España : consagrarémos aunque solo de paso algunas líncas al juicio de esta cuestion clásica, aunque ya juzgada y tardía : lo harémos unícamente para conjurar el frívolo pretexto de imbocar la palabra legitimidad : las razones alegadas por los que han querido probar el mejor derecho del Infante D. Carlos á la corona, con preferencia á su sobrina, han rodado en un círculo entrechísimo : « Que la ley que renovó en su vigor la ley de Partida (cuya ecsistencia « en Castilla contaba siete siglos y en virtud de la cual las casas de « Austria y Borbon havian reinado) no ecsistia, porque el Código « español de la Novísima Recopilacion no la insertaba, haciéndolo á « su vez del Auto Acordado de Felipe V que rebocó la ley de Par- « tida; que el derecho del Infante D. Carlos nacido en 1789, havia « prescripto en 1830 ; que se infringian con la variacion al Auto Acor- « dado de Felipe V los tratados de la paz de Utreque, que con- « cluyeron la guerra de Sucesion de España, y por último que siendo « Felipe V conquistador y cabeza de dinastía, pudo alterar la ley « de Partida. »

Hé aquí cuanto se ha dicho en resúmen , y hé aquí tambien la contextacion victoriosa fundada en hechos históricos y en principios fundamentales de derecho español, no en raciocinios ni doctrinas vagas ni abstractas, ¿ como havia de ecsistir en el Código español de la Novísima Recopilacion hecho en 1805, una ley que no fué tal ley hasta 1830 ? la ley fué ccha en toda regla en las cortes de 1789, en la parte que la legislacion española comete á las cortes ; esto no puede ser controvertible despues de publicadas las actas solemnes de aquellas cortes; mas la ley no fué tal, ni podia ser obligatoria hasta su publicacion en la forma ordinaria , y esta publicacion fué la que

aveuglé par l'esprit de parti, ne doute et n'a jamais douté du droit de la reine : il est aussi clair, aussi évident que la lumière, pour tout homme qui connaîtra à fond le droit espagnol.

C'est en vain que des plumes mercenaires, nationales et étrangères, ont voulu appuyer la cause du prétendant par des sophismes au lieu de raisons; elles n'ont fait que montrer une complète ignorance de la législation civile d'Espagne. Nous ne dirons que quelques mots en passant sur cette question capitale, bien qu'elle ait déja été jugée et coulée à fond, et uniquement pour répondre à ceux qui invoquent tout d'abord la légitimité. Les argumens les plus forts en faveur des droits de l'infant don Carlos, au détriment de ceux de sa cousine, ne sont pas sortis d'un cercle très étroit, à savoir : « que « la loi qui a remis en vigueur la loi *de Partida* (dont l'existence en « Castille comptait sept siècles, et en vertu de laquelle les maisons « d'Autriche et de Bourbon ont régné) n'existait pas, puisqu'elle « n'est pas insérée au code espagnol de la *Novísima Recopilacion*, « et qu'à sa place on trouve l'acte de Philippe V qui révoquait cette « même loi *de Partida* ;

« Que le droit de l'infant don Carlos, né en 1789, était tombé en « prescription en 1830 ;

« Que par les modifications apportées par l'acte de Philippe V, les « dispositions du traité de paix d'Utrecht, qui termina la guerre de la « Succession, se trouvent annulées, et enfin, que Philippe V, étant « conquérant et chef de dynastie, avait pu altérer la loi *de Partida*.»

Voilà en résumé tout ce qu'on a dit, et il est facile de répondre en s'appuyant sur les faits historiques et sur les principes fondamentaux du droit espagnol, et non pas sur une argumentation et des doctrines vagues et abstraites. En effet, comment une loi qui n'a été reconnue telle qu'en 1830 pourrait-elle se trouver dans le code espagnol de la *Novísima Recopilacion*, publié en 1805 ? Cette loi fut faite avec toutes les formalités voulues par les cortès de 1789, et en vertu des pouvoirs que la législation espagnole leur remet; cela ne peut faire l'objet d'une controverse, si on consulte les actes de ces

1.

hizo en toda regla quien podia hacerla en 1830. El rey y el consejo (1); si quisiese decirse que havia pasado mucho tiempo desde la formacion de la ley en cortes y su publicacion, nosotros reclamariamos se nos citase una sola ley ni disposicion legal inserta en los códigos españoles, que prescriba ni fije tiempo alguno entre el acuerdo de una ley en cortes y su publicacion, ni podriamos admitir un argumento que conmobiera la ecsistencia de nuestros códigos mas respetables, y que anularia nada menos que el código de las Partidas y las ochenta y tres leyes de Toro; no hay nadie que no sepa, que las Partidas fueron echas por el respetable rey D. Alonso el Sabio, ni que ignore que no se publicaron ni tubieron fuerza legal hasta las cortes de Alcala de 1348; es decir casi un siglo despues: que las ochenta y tres leyes de Toro se hicieron en las cortes de Toledo por los reyes católicos en 1502, y no se publicaron hasta las cortes de Toro, algunos años despues.

No juzgamos, pues, necesario ni controvertir ni analizar, si el Auto Acordado hecho por Felipe V en las cortes informes y diminutas de 1713, á las que faltaron de los representantes de las treinta y siete ciudades de voto en cortes nada menos que los de diez, fué bien ó mal hecho, si el consejo de Castilla se opuso y fué forzado; si la ley fué mutilada como parece no poderse dudar segun lo afirman los Comentarios del marques de S. Felipe, historiador contemporáneo y servidor humilde y sumiso de Felipe V y á quien dedicaba su obra, con lo que parece no ser posible faltase á la ecsactitud en punto tan grave como suponer á una ley acabada de hacer disposiciones que no contenia, y cuya claúsula si en efecto ecsistió en la ley originaria, nos llebaria nada menos que á la nulidad del derecho de Carlos IV

(1) Veanse las actas de Cortes del año de 1789, que corren impresas; en ella está todo lo que constituye en España una ley fundamental: la peticion de las cortes, la consulta de asistentes; la conformidad del rey, y hay ademas una consulta de los R. R. obispos que hablando como el bravo eclesiástico, aconsejan y apruevan la ley como útil al Estrado.

mêmes cortès, qui ont été publiés (1); mais la loi ne fut reconnue telle et ne pouvait être obligatoire que lorsqu'elle fut promulguée dans les formes ordinaires, et cette promulgation a été faite dans toutes les règles, en 1830, par le roi et son conseil; que si on nous dit qu'il s'est écoulé beaucoup de temps entre l'époque où la loi fut faite et celle de sa promulgation, nous demanderons qu'on nous cite une seule loi ou disposition légale insérée dans les codes espagnols, qui prescrive et fixe un délai entre le vote d'une loi par les cortès et sa promulgation; d'ailleurs nous ne pourrions admettre un argument qui bouleverserait nos codes les plus respectables, et ne tendrait à rien moins qu'à annuler le code *de las Partidas* et les quatre-vingt-trois lois de *Toro*; il n'y a personne qui ne sache que les lois de *Partidas* furent faites par le digne roi don Alonso le Sage, et qu'elles ne furent publiées et n'eurent force légale que lors des cortès d'Alcala en 1348, c'est-à-dire un siècle après; personne qui ne sache que les quatre-vingt-trois lois de Toro furent faites dans les cortès de Tolède par les rois catholiques, et ne furent publiées que lors des cortès de Toro, quelques années après.

Nous ne jugeons donc pas nécessaire de discuter et d'établir si l'acte consenti par Philippe V dans les cortès informes et rétrécies de 1713, auxquelles manquèrent dix des représentans des trente-sept villes ayant vote aux cortès, fut bien ou mal fait; si le conseil de Castille s'y opposa et eut la main forcée, si la loi fut tronquée, ce dont on ne saurait trop douter d'après les commentaires du marquis de Saint-Philippe, historien contemporain, très humble et très obséquieux serviteur de Philippe V, à qui il dédiait son ouvrage; de sorte qu'il nous paraît impossible qu'il ait manqué d'exactitude sur une matière si grave, au point de supposer dans une loi qui venait d'être faite des dispositions qu'elle ne contenait pas, et dont une clause, si en effet elle se trouvait dans la loi originaire, n'eût été à rien moins qu'à annuler les droits de Charles IV, et par con-

---

(1) Voyez les actes des Cortès de l'année 1789, qui sont imprimés; on y trouve tout ce qui constitue une loi fondamentale. La pétition des Cortès, la consultation des assistans, l'approbation du roi, et en outre une consultation des R. R. évéques qui parlent au nom du clergé, approuve la loi comme utile à l'état.

y de contado de sus hijos todos á la corona de España : nosotros queremos conceder al Auto Acordado, aunque por otra parte no tubo jamas aplicacion, toda la fuerza y valor de una ley echa en perfecta regla ; pero no podremos dejar de dar al menos el mismo valor à la revocacion echa por las cortes de 1789, publicada con la pragmática de 1830, ni podemos imaginar como ni donde hallar razon para dar mas valor á la ley de 1713, que á la de 1789.

En lo que no podremos convenir es en la aplicacion del derecho de prescripcion que se quiere suponer al Infante, y esta opinion no es nuestra ; publicistas respetabilísimos antiguos y modernos piensan de la misma manera, Grocio, Pufendorff, Gerardo, Rayneval, todos dicen lo mismo : todos ven el orígen de la prescripcion en la ley civil, *y las layes de sucession no proceden de la ley civil*, sino de las leyes fundamentales ; el derecho de un sucesor á un trono es un derecho variable, es meramente de esperanzas, es condicional, no dura sino mientras la autoridad legislatiba no lo deroga ó altera, ó un tratado exterior no lo interrumpe ó varia : aplicar la prescripcion á los derechos eventuales de sucesion á una corona, es un absurdo de derecho público, y absurdo clásico.

El haber inbocado en este caso la infraccion de los tratados de paz de Utreque, es una verdadera sofistería ; pasemos por alto y como si no huviesen ecsistido hechos y sucesos posteriores á aquellos tratados, despues de los cuales á escepcion de la Inglaterra, y á pesar de todos los acuerdos del congreso de Viena que no pudo jamas hacer que lo que havia sido dejase de ser, no podrian reclamar de la España las demas potencias de Europa, el cumplimiento de actos, todos desaparecidos despues del reconocimiento del José Bonaparte, como rey de España ; pero aun dándoles todo el valor que pudieran desear todos los que reclamasen su aplicacion, no se halla en ellos ni una sola palabra ni una sola idea en relacion á la ley de sucesion al trono de España, sino tan solo las renuncias que aseguraron la incompatibilidad de reunirse las dos coronas de Francia y España en una

séquent de toute sa descendance, à la couronne d'Espagne. Quant à nous, nous reconnaissons à l'acte consenti, bien que d'un autre côté il n'ait jamais eu d'application, toute la force et toute la valeur d'une loi faite dans toutes les règles; mais nous ne pourrons pas non plus faire moins que de reconnaître la même valeur à la révocation qui en a été faite par les cortès de 1789, et publiée avec la pragmatique de 1830; et nous ne voyons pas pour quel motif la loi de 1713 aurait plus de valeur que celle de 1789.

Un point sur lequel nous ne pourrons tomber d'accord, c'est l'application du droit de prescription qu'on suppose à l'Infant; et ce n'est pas seulement notre opinion que nous mettrons en avant; car nous nous appuierons de celle de publicistes très distingués, anciens et modernes : Grotius, Puffendorff, Gérardo, Rayneval, sont unanimes; ils voient tous l'origine de la prescription dans la loi civile, et les lois de succession ne procèdent pas de la loi civile, mais bien des lois fondamentales. Le droit de succession à un trône est un droit variable, tout d'expectative, conditionnel; il ne dure qu'autant que l'autorité législative ne l'abroge ou ne le modifie pas, ou qu'un traité antérieur ne le suspend ou ne le change pas : appliquer la prescription à des droits éventuels de succession à une couronne, est un contre-sens en fait de droit public, et un contre-sens absurde.

Quant à invoquer pour ce cas la dérogation au traité de paix d'Utrecht, ce n'est qu'un vain sophisme; car, en supposant que les événemens postérieurs à ce traité n'aient pas eu lieu, les puissances de l'Europe, à l'exception de l'Angleterre, ne seraient nullement en droit, malgré toutes les décisions du congrès de Vienne, de réclamer de l'Espagne l'accomplissement d'actes rendus nuls par leur reconnaissance de Joseph Bonaparte comme roi de ce pays; mais, même en donnant à ce traité toute la valeur que désirent ceux qui en réclament l'application rigoureuse, il ne s'y trouve pas un mot, pas une idée qui ait rapport à la loi de succession au trône d'Espagne, si ce n'est la renonciation qui assure l'incompatibilité des deux couronnes de France et d'Espagne sur une seule tête; et cette incompatibilité fut sanctionnée par les cortès de 1712, dans les-

misma persona; y esta incompatibilidad fué sancionada por las cortes españolas de 1712, en las que no devió hallar Felipe V gran simpatía con su proyectada ley de variacion de sucesion, cuando dejó que se disolviesen á fin de 1712, y tubo que reunir como pudo otras cortes en Mayo de 1713.

Si Felipe V fué ó no fué conquistador, como historiadores no podemos convenir; antes por el contrario nos parece hasta risible llamar conquistador al que las cinco octabas partes del país le apoyaba, al que quizo hacer é hizo deribar su derecho de la disposicion testamentaria de Carlos segundo que era el último rey, y cuya muerte suscitó la disputa de sucesion, y por último á un rey que jura tres veces y en tres distintos puntos de la monarquía y uno de ellos Barcelona, la conservacion de los usos y fueros españoles; pero aun esta controbersia viene á ser inutil al conceder á Felipe V el derecho de hacer el Auto Acordado; pero como no podemos negar á Carlos IV el derecho de revocarlo, la solucion no puede ser mas que una.

Mas bolvamos á el ecsámen de otras cuestiones todabía mas importantes, y decimos mas importantes, porque cuando la decision de las cuestiones de derecho se someten á la espada, son realmente estériles las controbersias y la polémica; tanto mas inútil cuanto bolvemos á repetir que no es la cuestion de derecho al trono entre dos príncipes la que tiene armada la España, sino que lo estan solo, la lucha de dos principios que defienden dos partidos ambos poderosos: estos principios son en un lado el absolutismo, la conserbacion intacta de la influencia y poder omnimodo del clero español sobre las demas clases del estado, la ecsistencia de la inquisicion: en el otro la regeneracion del pais, el progreso, el gobierno representatibo acomodado á los usos y las costumbres españolas. La monarquía es un punto intacto y respetado por ambos partidos, ambos la quieren y la respetan; no se ha disputado jamas sobre el principio monárquico, mirado con cierta idolatría por todos los Españoles, cuya reputacion y cuyo nombre vale algo y está garantido por antecedentes honrosos.

Nosotros adoptaremos para esplicar la fuerza y la importancia de

quelles Philippe V ne dut pas trouver une grande sympathie pour son projet de loi dans le but de changer l'ordre de succession, puisqu'il les laissa se séparer à la fin de 1712, et qu'en mai 1713 il eut à en réunir de nouvelles comme il le put.

Que Philippe ait été un conquérant ou non, c'est une question historique, et il est assez ridicule de décorer de ce titre celui qui fut soutenu, dans ses prétentions au trône, par les cinq huitièmes de la population, celui qui se portait comme successeur, par disposition testamentaire, de Charles II, le dernier roi de sa dynastie, et dont la mort causa la guerre de Succession, le prince enfin qui, à trois reprises différentes et sur trois différents points de la monarchie, et notamment à Barcelone, jura de conserver les usages et les libertés espagnols; mais, encore une fois, cette controverse est oiseuse, puisque nous accordons à Philippe V le droit de faire son acte, si toutefois on nous accorde que Charles IV avait également le droit de le révoquer: de sorte que la solution ne peut être qu'une.

Mais revenons à l'examen de questions encore plus importantes, et nous disons plus importantes parce qu'en effet lorsque la décision des questions de droit est remise à l'épée, la polémique et les controverses sont stériles, d'autant mieux que, nous le répétons encore, ce n'est pas la question de droit entre deux princes qui met l'Espagne en armes, mais bien la lutte de deux principes défendus par deux partis puissans : ces principes sont, d'un côté, l'absolutisme, la conservation intacte de la suprématie et de l'influence du clergé sur les autres classes de l'état, l'existence de l'inquisition; de l'autre côté, la régénération du pays, le progrès, le gouvernement représentatif mis en harmonie avec nos usages et nos coutumes. La monarchie est un point intact et respecté des deux partis en présence, qui tous les deux la veulent et s'inclinent devant elle. On n'a jamais mis en question le principe monarchique, objet d'une espèce d'idolâtrie pour tous les Espagnols dont la réputation et le nom comptent pour quelque chose et s'appuient sur d'honorables précédens.

Pour donner une idée de la force et de l'importance de ces deux

estos dos partidos, los principios fijados con esactitud en una obra que acaba de ver la luz pública (Apuntes histórico-críticos etc.), para escribir la historia de España de 1820 á 1823 : en ella se establece el principio esacto en nuestro juicio que la cuestion de sucesion ha desecho la alianza que ecsistia del trono con el clero y el populacho contra la aristocracia y todas las demas clases productoras del estado; víctimas infelices del despotismo necio y brutal que ha sufrido la España tres siglos hace, y particularmente desde la muerte del honrado rey Carlos III.

El trono ligado antes de esta época al despotismo clerical y apoyado por la plebe, es hoy el orígen del progreso y la aurora de libertad; si huviese sido fuerte y vigoroso como lo cra en vida de Fernando, al verificarse esta transicion importantísima, la cuestion se havria resuelto como por encanto : ocupado el trono por una niña de cuatro años, es decir haviendo de correr una minoria siempre procelosa; y guiada por una regenta que podia mas ó menos pronto pagar el tributo al sexo, á la edad y á la inesperiencia ; el partido del progreso tiene necesariamente que luchar con esta dificultad inmensa, al paso que el del retroceso tiene en su favor los esfuerzos de los elementos poderosos producidos por los de tres siglos de inquisicion, y de los resultados de la precisa desmoralizacion nacional, producida por el sistema tan funesto como útil á sus autores, de haver substituido las prácticas religiosas á los preceptos de la divina moral; ademas devia contar y cuenta con la fuerza y el vigor de un Trono, que aunque solo hipotético, tiene como todo govierno que no ecsiste y se halla en primera línea para ecsistir, una bandera donde se afilian los descontentos, donde se esplotan las ambiciones, donde se aprovechan los errores précisos á todo govierno nuebo; pero que sea como quiera minan siempre el edificio que ecsiste, para alzar otro nuebo, que antes de ecsistir, siempre alaga esperanzas, por mas que luego se vean como simples ilusiones : este es el distintibo de todas las revoluciones sea el que quiera su orígen y divisa, y de aquí la natural dificultad que ha de hallarse en acabar de consolidarse el govierno de la reyna y la causa de continuar la guerra civil, atizada vivamente por el interes personal del clero, que vé escaparse de sus

partis, nous citerons un ouvrage qui vient d'être publié sous le titre d'*Essais historiques pour servir à l'histoire d'Espagne de 1820 à 1823*; les choses y sont, à notre jugement, traitées avec une grande netteté et avec un grand sens; on y pose en fait que la question de succession a mis fin à l'alliance qui existait entre le trône, le clergé et le bas peuple, contre l'aristocratie et les autres classes productives de l'état, victimes du despotisme imbécile et brutal qui pèse sur l'Espagne depuis trois siècles, et particulièrement depuis la mort du digne Charles III.

Le trône, avant l'acte dont nous venons de parler, légué avec le despotisme sacerdotal et étayé sur le bas peuple, est aujourd'hui la source du progrès; il est le point lumineux d'où rayonne la liberté: s'il eût été fort et puissant comme du temps de Ferdinand, cette importante transaction se fût opérée sans difficulté, et la question eût été résolue comme par enchantement; mais le trône occupé par une enfant de quatre ans, c'est-à-dire d'une minorité toujours difficile à passer sous la régence d'une princesse qui pouvait plus ou moins payer son tribut au sexe, à l'âge et à l'inexpérience: tels sont les embarras avec lesquels le parti du progrès doit nécessairement lutter, tandis que le parti rétrograde a pour lui les puissans élémens produits et accumulés par trois siècles d'inquisition et par le système, aussi funeste à la morale publique qu'avantageux à ceux qui l'exploitaient, de mettre les pratiques religieuses à la place des préceptes de notre divine religion; outre cela, il a dû compter et il compte sur la force qu'il emprunte d'une royauté qui bien qu'hypothétique n'en a pas moins sa bannière qu'elle présente à tous les mécontens, qui exploite toutes les ambitions et met à profit toutes les fautes que ne manque pas de commettre un gouvernement nouveau, et parvient souvent, en promettant des merveilles, à renverser l'édifice qui existe, pour s'élever sur ses ruines. C'est l'histoire de toutes les révolutions, quelles que soient leur origine et leur devise, et c'est ce qui explique les difficultés qu'éprouve le gouvernement de la reine à se consolider et la durée de la guerre civile qu'attise avec ardeur le clergé, qui voit échapper de ses mains pour toujours ses richesses et son influence, et met en avant les mêmes

manos para siempre sus riquezas y su influencia, y escita con ardor los mismos elementos que presentaron en 1823 la anomalía que deve fijar la atencion de todos los hombres honrados y de buena fé del mundo entero, viendo el desbordamiento popular, y los escesos democráticos mas horribles, apoyando no tanto el absolutismo del trono, aunque se le ponia en primer término, sino la influencia teocrática que se apoderó del govierno en España en 1823, y que no contenta todabía con su triunfo y sus víctimas, porque el siglo les impedia adelantar tanto como queria, y porque el mismo poder que les acordó dinero y 100,000 hombres para triunfar, no les permitió establecer la inquisicion, minaron el trono de Fernando, y en 1827 huviera sido destronado y reemplazado por D. Carlos, sin la fuerza moral de aquel trono, fuerza inmensa, mayor que todas, que el mismo rey no supo apreciar, pero que descendió con Fernando al sepulcro para no bolver jamas; pues D. Carlos, el mismo Zumalacarreguí y los mas decididamente de su partido y que mas huviesen trabajado por su causa, estos hombres mismos, si fuese posible que triunfasen, serian despues de su triunfo víctimas del clero, si al comparar la aplicacion de ciertas doctrinas á la práctica del govierno, se detenian en la carrera de las persecuciones, de los horrores que acompañarian su triunfo: que oprimiria y desolaria el pais, pero que no aseguraria por largo tiempo una dominacion estable y duradera : es menester no hacerse ilusiones, es menester recordar hechos, porque de ellos se deducen consecuencias precisas y concluyentes, ¿ quien no recuerda en 1823, cuando se dió el decreto de Andujar para modificar la barbara accion de las persecuciones, que el exército frances y su gefe fué insultado por miserables que recivian su pan y sus vestidos de los almácenes franceses ? El partido teocratico en España como todos los partidos extremos en política, ni aprenden ni perdonan, y sea el que quiera el pais ó la potencia que los ayudase, deve estar segura que ni influiria poco ni mucho en su proceder, despues del triunfo, ni les legaria otra gloria en el severo tribunal de la historia, que la de haver contribuido á proteger escesos y horrores que no resiste el siglo XIX, y por de contado haria inevitable mas ó menos pronto una nueba reaccion que pondria en

élémens qui entrèrent en lice. Ce qui doit fixer l'attention de tous les hommes de bonne foi, c'est que le débordement populaire, se jetant dans les excès les plus horribles, n'agissait pas seulement pour le pouvoir absolu, bien qu'il le mît en première ligne, mais encore pour cette influence théocratique qui s'empara du gouvernement en 1823; et que, non contente de son triomphe et des victimes qu'elle avait faites, parce que les lumières du siècle ne lui permirent pas d'aller aussi loin qu'elle l'eût voulu, et, empêchée par la puissance même qui lui avait accordé de l'argent et 100,000 hommes, de rétablir l'inquisition, cette faction sacerdotale s'efforça de miner le trône de Ferdinand, et l'eût renversé et remplacé par don Carlos, sans la force morale inhérente à ce trône, force immense, au dessus de toutes les autres, que le roi lui-même ne sut pas apprécier, mais qui descendit avec lui dans le tombeau pour ne plus jamais revenir; car don Carlos, son général Zumalacarregui et ceux qui se sont le plus hautement prononcés en sa faveur et qui auraient le plus activement contribué à son triomphe, s'il était possible qu'ils parvinssent à triompher, ces hommes-là même, au milieu de leur victoire, ne seraient que les premières victimes du clergé, dans le cas où, appliquant de certaines doctrines au gouvernement, ils s'arrêteraient dans la carrière des persécutions, auxquelles ils seraient redevables de leur triomphe, triomphe qui opprimerait et désolerait le pays, mais qui ne pourrait jamais fonder un gouvernement solide et de quelque durée. Il ne faut pas se faire des illusions; au contraire, il faut citer des faits et en tirer des conséquences et des conclusions. Qui ne se rappelle qu'en 1823, à l'époque même où fut rendu le décret d'Andujar pour arrêter des persécutions barbares, l'armée française et son chef furent insultés par des misérables qui recevaient leur pain et leurs vêtemens des magasins français? Le parti théocratique en Espagne, comme tous les partis politiques extrêmes, n'apprend ni ne pardonne rien, aussi tout pays ou gouvernement qui appuie un tel parti peut être sûr qu'après son triomphe il n'aura aucune influence sur ses actions, et qu'il ne lui laissera d'autre gloire, devant le tribunal sévère de l'histoire, que celle d'avoir contribué à protéger

peligro verdadero y eminente el trono y altar, único y solo medio de que peligren en España.

Mas de estas combinaciones y de estos elementos lo que resulta es un hecho clásico, enlazado primordialmente con la cuestion que ecsaminamos, y es que los partidos que sostienen la guerra civil en España, se equilibran y son bastante fuertes para prolongar la lucha y hacer continuar por mucho tiempo el horrible espectáculo de matarse Españoles con Españoles, amigos á amigos, aun hermanos á hermanos : por otra parte una lucha cualquiera que se prolonga, crea dudas en la manera de su terminacion, por circunstancias y combinaciones que no pueden calcularse : ciertamente D. Carlos despues de su llegada de Inglaterra y en medio de sus partidarios, á pesar de haver hallado un caudillo para su causa, atrebido y organizador, no ha podido adelantarla ni sacarla del rincon que ocupa muchos meses hace ; pero el gobierno de la reyna á su vez, puesto en juego todos sus recursos, gastada la reputacion de una porcion de gefes militares de antecedentes respetables, ni ha pudido terminar la lucha ni aun extinguir los chispazos que en toda España pululan, y que si no comprometen la causa en su esencia, comprometen el órden y la quietud pública ; condiciones primarias de la ecsistencia social, y que si los esfuerzos y la justa reputacion del nuevo general que hace poco ha tomado el mando del exército de la reyna, no alcanza el fin de un triunfo que desean todos los amigos de la libertad del mundo entero, es preciso acudir al auxilio de la quadrupla alianza : la humanidad lo reclama, la seguridad del trono de la reyna lo ecsige, los pueblos es menester que para que el govierno se consolide, resuelban una cuestion de hecho con el simple dilema de como estaban y como estarán, y esta cuestion no puede entablarse sin tranquilidad.

Hé aqui llegado el momento de analizar este tratado y sus graves

des excès et des horreurs. Quand même il ne se manifesterait pas tout de suite une résistance, il y aurait bien certainement dans un avenir plus ou moins éloigné une réaction qui mettrait en péril le trône et l'autel; car c'est là la seule cause qui puisse compromettre en Espagne l'existence de l'un et de l'autre.

De ces combinaisons et de ces suppositions il résulte un fait réel qui se rattache essentiellement à la question que nous examinons : c'est que les partis qui fomentent la guerre civile en Espagne sont à peu près de forces égales, et peuvent par conséquent prolonger la lutte et continuer encore pendant long-temps à donner au monde l'horrible spectacle d'Espagnols qui tuent des Espagnols, d'amis et de frères qui s'entr'égorgent. D'un autre côté, une lutte qui se prolonge fait naître des doutes sur sa fin; car qui peut prévoir les circonstances et les complications qui peuvent survenir? Il est très vrai que don Carlos, depuis son arrivée d'Angleterre, bien qu'il se trouve entouré de ses partisans et qu'il ait trouvé un chef hardi et habile, n'a pu faire progresser sa cause, ni gagner pour elle des partisans en dehors du coin qu'il occupe; mais il n'est pas moins vrai que le gouvernement de la reine, de son côté, après avoir mis en jeu toutes ses ressources et usé en pure perte la réputation de plusieurs généraux à antécédens honorables, n'a pu ni terminer la lutte ni étouffer les guerres de discorde qui pullulent sur tous les points du sol espagnol, et qui, si elles ne compromettent pas la bonne cause, du moins troublent l'ordre et la tranquillité, desquels dépend en grande partie l'existence sociale. Si les efforts et la grande réputation du général qui vient de prendre le gouvernement de l'armée royale ne finissent pas par remporter la victoire que désirent tous les amis de la liberté universelle, on se verra obligé de demander des secours à la quadruple alliance : une telle démarche est réclamée par l'humanité entière; la sécurité du trône et du royaume l'exigent. Quant au peuple, il faut que, dans l'intérêt de la consolidation de son gouvernement, il résolve une question de fait par ce simple dilemme : quel a été son état jusqu'ici, et quel sera-t-il à l'avenir? et cette question ne peut être posée qu'en état de tranquillité.

Voici le moment d'analyser ce traité et ses graves conséquences,

y trascendentales consecuencias, y que ha resuelto el problema de la union de los principios del progreso social y de los goviernos representatibos monárquicos de la Europa del mediodia, al paso que fué un resultado preciso de las circunstancias particulares de la Inglaterra, la Francia, la España y Portugal que la formaron.

En cada uno de estos paises una cuestion peculiar interior y contemporánea havia cambiado su faz y su política, havia creado intereses nuevos, ya de principios, ya dinásticos, pero muy semejantes sino iguales, y que de consiguiente ecsigian una marcha nueva y homogénea para consolidar la nueba era que contaba en contra elementos poderosos y unidos por el peligro mas imaginario que solido de una imbasion de ciertos principios en ciertos paises no preparados, que podian fácilmente desquiciar su edificio social, si se desarrollaban en ellos, pero, sin dejar de conocer por todos, que para ir al fin, las circunstancias ecsigian una línea de conducta moderada y circunspecta, en vez de medidas estremas que conducen à las revoluciones en vez de prevenirlas y evitarlas.

La cuestion de reforma en Inglaterra, aunque no variase en manera alguna sus principios constitutivos, conmobia intereses, agitaba pasiones y excitaba temores en el partido que llamado Tory, tomó el nombre de conserbador, el cual creyó hallar fuerza y poder, identificándose hasta cierto punto con ciertas ideas y con cierto sistema estrangero hetereogéneo á los principios políticos de Inglaterra, y sin eco en el pais, al paso que el reformista antes Whig, que jamas pensó en conmover principios fundamentales, sino perfeccionar las mismas instituciones que havian llevado á la gloria y al poder á la Gran Bretaña, pensó tambien dever buscar el suyo en los payses que simpatizaban con su sistema de reformas juiciosas y circunspectas que hiciesen el bien del pais y alejasen convulsiones producidas, ya por la ecsageracion de doctrinas vagas é inaplicables, ya por el sistema funesto de resistencias indiscretas y obstinadas que el siglo no tolera.

Tan fáciles y tan sencillos fueron los principios fundamentales que

taité qui a résolu le problème de l'union des principes du progrès social et des monarchies représentatives du midi de l'Europe, et qui, au fond, est le résultat immédiat des circonstances particulières où se trouvent l'Angleterre, la France, l'Espagne et le Portugal.

Dans chacun de ces pays s'était élevée une question particulière, intérieure et simultanée qui en avait changé la politique et y avait créé des intérêts nouveaux, soit de principes, soit purement dynastiques, intérêts sinon identiques, au moins très semblables, et qui par conséquent exigeaient une marche nouvelle et homogène pour consolider la nouvelle ère qui possédait des élémens puissans et unis contre le danger plutôt imaginaire que réel d'une invasion en de certains pays de certains principes qui pouvaient aisément en ébranler l'édifice social, s'ils parvenaient à s'y développer, car en général tout le monde savait que pour atteindre le but proposé, il fallait céder aux circonstances, qui exigeaient une conduite modérée et circonspecte, puisque les moyens extrêmes amènent les révolutions, au lieu de les prévenir et de les éviter.

En Angleterre, la question de la réforme, bien qu'elle ne changât en rien les principes constitutifs de ce pays, ébranla des intérêts, excita des passions, et alarma le parti appelé tory, qui vient de prendre le nom de *conservateur*, lequel croyait se donner de la force et de la puissance en adoptant jusqu'à un certain point de certaines idées et un certain système étranger aux principes politiques de l'Angleterre et sans écho dans le pays, de sorte que le parti réformiste (appelé autrefois whig), qui n'avait jamais songé à toucher aux principes fondamentaux, mais seulement à perfectionner les mêmes institutions qui avaient élevé la Grande-Bretagne à la gloire et à la puissance, crut aussi devoir chercher un appui dans les pays qui sympathisaient avec son système de réformes judicieuses et modérées, destiné à augmenter le bien-être de la patrie et à faire cesser les convulsions produites, soit par l'exagération des doctrines vagues et inapplicables, soit par le funeste système de résistances indiscrètes et opiniâtres que notre siècle ne tolère pas.

Les principes fondamentaux desquels la quadruple alliance tira

dieron su orígen al tratado de la quadruple alianza que ecsaminamos y tan respetables sus fundamentos, que aun llegado al poder aunque momentáneo el partido tory ingles y en su hávil ensayo para restablecer su influencia aun pasando por el virtuoso paso de las concesiones; este tratado que no havria sido probablemente hecho en su administracion, fué respetado y sostenido y arreglado á el honrosa y lealmente la política del gavinete que la santa alianza llamaria el suyo.

La revolucion de julio que en solos tres dias hizo desaparecer una constitucion y una dinastía, que tenia en sí el cáncer fatal de haver nacido entre bayonetas estrangeras, que siempre ofenden un pais en que las susceptibilidades nacionales y los nombres de patria y honor suenan con tanta fuerza como en Francia; hizo aparecer en ella un nuebo trono y una nueba constitucion con todo el carácter de nacionalidad, y esta aparicion trajo necesariamente consigo nuebos intereses esenciales que devian buscar su verdadero apoyo; primero en el patriotismo francés, luego en la alianza de la Inglaterra, y despues en la de todos los paises que homogéneos en instituciones y principios pudieran robustecer el nuebo trono, que seria ridículo pudiese nunca hacerse ilusion de un apoyo franco y leal al solo acto de su reconocimiento, arrancado por el imperioso poder de la fuerza y de las circunstancias, ni imaginar que las concesiones ni las promesas tienen mas fuerza y mas valor que la tendencia opuesta de principios enteramente contrarios, que crean fundamentalmente una oposicion sistemática que esplota los elementos de ruina que con colores distintos, yá inbocando la república (1), yá la dinastía proscripta llamándola de hecho de la legitimidad, su obgeto solo esclusivo y constante es hacer desaparecer el trono de julio, cuya fuerza y estabilidad consiste solo en una política eminentemente franca y

(1) Es tan esacto este quadro que no hace muchos meses que en un mismo parage se albergaba en la frontera de España un individuo destinado á propagar en Cataluña las ideas revolucionnarias, y se mandaban desde él toda especie de auxilios á los carlistas españoles: Támpoco hacemucho tiempo que una cierta potencia de segundo órden que hace cuanto puede en favor de la causa de don Carlos, que pagaba agentes para promober las ideas ecsageradas en España.

son origine étaient si simples, si respectables et si faciles à pratiquer, que, malgré l'avénement au pouvoir du parti tory et son habile essai de rétablir son influence même par des concessions, le traité de cette alliance, qui certes n'aurait pas été conclu sous son administration, fut respecté et loyalement maintenu en vigueur par un cabinet que la sainte-alliance pourrait appeler le sien.

La révolution de juillet, qui trois jours fit disparaître un trône et une dynastie qui portait dans son sein le vice d'avoir été établie par des baïonnettes étrangères, vice qui doit toujours offenser un pays où les susceptibilités nationales et les noms d'honneur et de patrie retentissent avec tant de force qu'en France ; cette révolution, disons-nous, produisit un nouveau trône et une nouvelle constitution, qui tous les deux, empreints au plus haut degré d'un caractère de nationalité, apportaient nécessairement avec eux de nouveaux intérêts. Ces intérêts durent naturellement chercher un appui solide d'abord dans le patriotisme français, puis dans l'alliance de l'Angleterre, et enfin dans celle de tous les pays qui, ayant adopté des institutions et des principes analogues, pouvaient consolider le nouveau trône ; car ce serait par trop ridicule que de se faire illusion au point de prendre pour un appui franc et loyal le seul acte d'une reconnaissance arrachée par la force des circonstances, et de s'imaginer que les concessions et les promesses ont plus de puissance que des principes diamétralement opposés, qui produisent une opposition systématique qui, en invoquant tantôt la république (1), tantôt la dynastie proscrite qu'elle décore du nom de légitimité, n'a d'autre but que celui de renverser le trône de juillet, dont la force et la stabilité consistent uniquement dans une politique franche, nationale et stric-

(1) Pour prouver combien ce tableau est exact nous rapporterons que, naguère, dans une localité sur les frontières de l'Espagne, où demeurait un individu chargé de propager des idées révolutionnaires en Catalogne, on préparait en même temps des secours destinés aux carlistes espagnols.

Il n'y a pas non plus long-temps qu'un certaine puissance du second ordre, qui fait tout ce qui est en elle pour favoriser la cause de don Carlos, payait des agens pour propager des idées extrêmes en Espagne.

nacional, é identificada estrechamente con los principios del tratado y con los intereses de las potencias signatarias, cuya union compacta ofrecen al mediodia una fuerza irresistible que garantizará eternamente la paz y la bien entendida libertad, apoyada en el imperio de las leyes.

En España á su vez la ley de sucesion publicada como por acaso, y mas para adular el poder, que para regenerar el pais, ofreció la anomalía singular de establecer una contradicion solemne entre los procedimientos del gobierno y la línea política que seguia, con la nueba direccion á que por necesidad le arrastraban las consecuencias que devia de producir la nueba ley si havia de ser cumplida.

Mas el desgraciado Fernando VII, cuya divisa fué siempre la vacilacion y la incertidumbre, queriendo poner bases firmes al trono que queria alzar á su hija, lo minaba y lo comprometia.

Así, y tan solo así, pudiera esplicarse, despues de dada la ley de sucesion y pasados los sucesos del año de 1827, en que tan cerca estubo de ser destronado, su alianza con D. Miguel, su persecucion cada vez mas firme y constante á toda idea liberal y de reforma, á toda concesion, y aun la oposicion á todos los pasos legales que huvieran podido asegurar á la monarquía española á su muerte, una transicion fácil en vez del legado funesto que dejó á sus pueblos de una guerra civil ; pero sea como quiera, la muerte del rey y la aplicacion de la ley de sucesion, crearon á la España una identificacion de principios y de intereses con el partido reformista ingles y con el trono de julio, reciviendo su sancion con el tratado de la quadrupla alianza.

El osado desembarco del emperador D. Pedro en Oporto para reevendicar los derechos de la legitimidad ultrajada por el usurpador del trono de Portugal, fué la cuestion portuguesa que identificó definitibamente los principios y los intereses de este pais y la causa de Dª Maria con la reforma inglesa, con la Francia de 1830, y con el trono de Isabel II de España.

Hé aquí pues los principios fundamentales de la union de las cuatro potencias signatarias del tratado de Londres : intereses esenciales,

tement conforme aux principes du traité de la quadruple alliance et aux intérêts des puissances qui l'ont formée, et dont l'union offre au midi de l'Europe une force irrésistible qui garantira éternellement la paix et une liberté fondées sur l'empire des lois.

En Espagne, la loi sur la succession au trône, publiée comme par hasard et plutôt pour flatter le pouvoir que pour régénérer le pays, offrait l'anomalie singulière de mettre en contradiction flagrante les procédés et le système politique du gouvernement avec la nouvelle direction que l'obligeaient à suivre les conséquences que devait avoir la nouvelle loi, si on voulait l'exécuter.

Mais le malheureux Ferdinand VII, dont la devise fut toujours *doute et irrésolution*, tout en voulant donner une base solide au trône qu'il élevait à sa fille, le minait et en compromettait la sécurité.

C'est ainsi seulement qu'on peut s'expliquer comment (depuis la publication de la loi sur la succession et après les événemens de 1827 où il fut si près d'être détrôné) il a pu contracter une alliance avec don Miguel, faire des persécutions de plus en plus fortes et opiniâtres au sujet de toute idée libérale et de réforme qui venait à se manifester, refuser toute concession, et même s'opposer à toutes les mesures légales qui, à sa mort, auraient pu assurer à la monarchie espagnole une transition facile à un meilleur ordre de choses, au lieu de faire à son pays le legs fatal d'une guerre civile. Mais, quoi qu'il en soit, la mort de ce roi et l'application de la loi sur la succession donnèrent à l'Espagne une conformité d'intérêts et de principes avec le parti réformiste en Angleterre et avec le trône de juillet, laquelle reçut sa sanction par le traité de la quadruple alliance.

Le débarquement de l'empereur don Pédro à Oporto, pour revendiquer les droits de la légitimité outragée par l'usurpateur du trône de Portugal, donna lieu à la question portugaise qui identifia définitivement les principes et les intérêts de ce pays et de la cause de dona Maria avec ceux de la réforme anglaise, de la France de 1830 et du trône d'Isabelle II d'Espagne.

Donc l'union des quatre puissances signataires du traité de Londres a pour principes fondamentaux des intérêts essentiels et des

intereses de principios, este es el obgeto vital, de solidez y conservacion recíproca; se trata enfin de una demostracion victoriosa, de que las doctrinas y los principios liberales y las formas de los goviernos representatibos, no solo no son incompatibles con la estabilidad y el órden público, sino que son la mejor garantía de la felicidad y prosperidad de los pueblos : tan importantes son los principios en que versa esta alianza que se ha hecho de una manera natural y como precisa, por las simpatías que producen la homogeneidad de interéses y de doctrinas, y por la fuerza irresistible de las circunstancias.

Reconocidos y sentados los principios y los intéreses que determinaron la alianza, no es difícil prever que las estipulaciones devian irse arreglando con circunspeccion y detenimiento á las necesidades y á las eventualidades precisas : no devian anticiparse cuestiones hipotéticas, no se devian escitar pasiones ni zelos, ni ribalidades, el vigor y la energía propia de naciones poderosas devian reservarse para la necesidad, devia hasta afectarse una línea de moderacion evidente y que pudiese probar que no ecsistian ídeas de subversion en la union de un sistema politico, que si se querier sostener à todo trance por las potencias aliadas, no se tenia ningun interés en propagar y estender, ni de escitar á ellas á otros paises dueños de su sistema interior, y á quienes toca esclusibamente calificar, modificar, variar ó no variar segun á cada cual le pareciese útil.

Así que el proemio del tratado fijó su objeto esencial á saver, *el restablecimiento de la paz de la peninsula, la consolidacion de los tronos de las reynas de España y Portugal,* las medidas dirigidas á este fin se concretaron como devian en aquel momento á la conclusion de la guerra de Portugal, con la que se creia terminado todo.

En efecto, una pequeña division de tropas españoles maniobraron en Portugal, y unido esto á los inmensos efectos morales del tratado, bastaron para concluir la lucha bárbara y cruel entre D. Pedro y D. Miguel, que duraba tanto tiempo hacia : el atemorizado pretendiente de la corona de España, que corria espantado delante de las

intérêts de principes; c'est-à-dire, elle a pour objet vital la consolidation et la conservation réciproques des parties contractantes. Il faut démontrer d'une manière irréfutable que les doctrines et les principes libéraux et les formes du gouvernement représentatif sont non seulement compatibles avec l'ordre public, mais qu'ils sont aussi la meilleure garantie du bonheur et de la prospérité des peuples. Les principes sur lesquels repose cette alliance sont si importans, qu'on peut dire qu'elle a été faite naturellement par les sympathies qui résultent de la conformité des intérêts et des doctrines, et par la force irrésistible des circonstances.

Les principes et les intérêts qui déterminèrent l'alliance, une fois reconnus et définis, il n'était pas difficile de prévoir que les stipulations seraient réglées avec modération et circonspection, de manière à satisfaire les besoins et à répondre aux événemens prévus. Ces stipulations ne devaient ni anticiper des questions hypothétiques, ni exciter des passions et des rivalités; car la vigueur et l'énergie des nations devaient être réservées pour des cas de nécessité; il fallait adopter une conduite évidemment modérée, et qui prouvât qu'il n'y avait pas d'idées subversives dans la combinaison du système politique de l'union, et que si les alliés voulaient soutenir ce système à toute extrémité, ils n'avaient aucun intérêt, ni à le propager et à l'étendre, ni à provoquer son adoption par les autres pays maîtres de se gouverner à l'intérieur comme ils l'entendent, et de modifier, changer ou conserver leur mode de gouvernement, chacun comme bon lui semble.

Le préambule du traité fixa son objet, savoir : *le rétablissement de la paix de la Péninsule, la consolidation des trônes des royaumes d'Espagne et du Portugal,* les mesures dirigées dans ce but furent concertées comme elles devaient l'être au moment où se termina la guerre du Portugal avec laquelle on croyait tout fini.

A la vérité un petit corps de troupes espagnoles vint à l'aide du Portugal, et cette mesure, jointe à l'immense effet moral que produisit le traité, suffit pour mettre fin à la lutte barbare qui avait lieu depuis si long-temps entre don Pedro et don Miguel. Le prétendant à la couronne d'Espagne, qui fuyait épouvanté devant les troupes

tropas del general Rodil, buscó un asilo en el pabellon del navío ingles el Donegal, que lo trasportó á Portsmouth, sin haversele ecsigido ninguna especie de palabra ni estipulacion de ninguna especie, ni por parte de la España, ni del Portugal, ni de la Inglaterra, á la manera de lo que se havia ecsigido al Infante D. Miguel.

La llegada á Portsmouth del pretendiente, á bordo del Donegal con toda su familia, ofrecia nuebas cuestiones diplomáticas, que trasladadas al estrecho recinto de un buque ingles anclado en un puerto de Inglaterra, debian circunscribirse en aquel momento á la España por medio de su representante en Londres, y al gabinete ingles; pero la base de todo paso, no podia dejar de ser sola y esclusivamente el tratado.

El govierno español devia de ensayar de hacer contraer al pretendiente á la corona, un compromiso de abandonar sus pretensiones para obtener las ventajas que el tratado le señalaba, para cuando huviese salido de la península, y tal fué tambien la intencion de la Inglaterra, cuya conducta franca y leal en esta ocasion honrará eternamente al gavinete que dirigia los negocios: para secundar este las intenciones del govierno español, mandó al Subsecretario de negocios estrangeros á bordo del Donegal, y notificó al pretendiente el tratado de la quadrupla alianza, llamando su atencion hacía los empeños contraidos por la Inglaterra, con el gobierno de la reyna Isabel; y no contenta la alta providad del rey de Inglaterra con esto, le hizo anunciar al Infante sus deseos de que oyendo al Ministro de la reyna, que estaba en Portsmouth, admitiese las proposiciones, sin lo cual S. M. B. no podia verlo ni recivirlo.

Mas el pretendiente se negó absolutamente á oir ninguna comunicacion que procediese del govierno de la reyna de España, y desembarcando el 15 de julio emprendió su fuga á los quince dias poco mas ó menos, para colocarse á la cabeza de la rebelion en Navarra, menospreciando los compromisos, y abusando del asilo y seguridad que halló vajo el pavellon británico del Donegal.

Cambiado como por encanto el terror pánico de D. Carlos en el

du général Rodil, chercha un asile à bord du vaisseau anglais le *Donegal*, qui le transporta à Portsmouth, sans avoir exigé de lui aucune espèce de promesse ou de capitulation, ni de la part de l'Espagne, ni de celle du Portugal, ni de celle de l'Angleterre, précaution qu'on avait pourtant prise à l'égard de don Miguel.

L'arrivée à Portsmouth du prétendant et de toute sa famille, à bord du *Donegal*, donna lieu à de nouvelles questions politiques, qui, renfermées dans l'étroite enceinte d'un vaisseau anglais mouillé dans un port de l'Angleterre, durent rester dans ce moment entre l'Espagne, représentée par son ambassadeur à Londres, et le cabinet anglais; mais la base de toute mesure qu'on allait prendre ne pouvait être autre que le traité lui même.

Le gouvernement espagnol devait essayer d'engager le prétendant de la couronne à accepter un compromis par lequel il abandonnerait ses prétentions, en obtenant les avantages fixés dans le traité pour le cas où il aurait quitté la Péninsule. Telle fut aussi l'intention de l'Angleterre, dont la conduite franche et loyale dans cette occasion honorera éternellement le cabinet qui alors dirigeait ses affaires politiques. Ce cabinet, pour seconder les vues du gouvernement espagnol, envoya le sous-secrétaire d'état des relations extérieures à bord du *Donegal*, pour notifier au prétendant le traité de la quadruple alliance, et appeler son attention sur les engagemens que l'Angleterre avait pris envers le gouvernement de la reine Isabelle. Le roi d'Angleterre dont la haute probité ne trouva pas suffisante cette démarche, fit aussi manifester à l'infant son désir qu'il écoutât les avis du ministre de la reine qui se trouvait à Portsmouth, et qu'il acceptât les propositions dont il s'agissait, sans quoi S. M. B. ne pourrait ni le voir ni le recevoir.

Mais le prétendant refusa absolument d'écouter aucune proposition qui vînt de la part du gouvernement de la reine d'Espagne; il débarqua le 15 juin, et, environ quinze jours après, il prit la fuite pour se mettre à la tête de la révolte de Navarre, méprisant ainsi le compromis, et abusant de l'asile et de la sécurité qu'il avait trouvées sous le pavillon britannique du *Donegal*.

La terreur panique de don Carlos ayant fait place à la témérité.

arrojo necesario para una fuga, fácil sí, pero arriesgada, y ya al frente de la faccion, que aunque solo en un rincon de la península le proclamaba rey, no era difícil pensar que sus partidarios de toda la Europa reanimarian sus esperanzas, y que con el procsimo triunfo del pretendiente de España, veia D. Miguel abrirse otra vez las puertas de Lisboa y los ilustres refugiados de Praga á su Henrique V en el trono, ocupado tan dignamente por la dinastía de julio: las intrigas se multiplicaron, los esfuerzos se apuraron, preciso era esplotar la idea de que terminados los asuntos de Portugal, los efectos del tratado havian concluido, y que el tratado de la quadrupla alianza que tanto los imponia, havia terminado.

Mas las potencias signatarias no tardaron en ofrecer un desengaño victorioso y el 18 de agosto del mismo año firmaron unos artículos adicionales, declarando la ecsistencia del tratado, acordando medidas acomodadas á las necesidades del momento, sin escluir otras nuebas, si nuebas eventualidades las reclamasen.

La Francia se encargó de que por sus fronteras no reciviesen socorro ni auxilio los carlistas, la Inglaterra ofreció y dió copiosamente armas, municiones y auxilios de guerra al govierno de la reyna, y aun añadió que cooperaria con una fuerza naval si fuese necesario.

Así concluyeron las ilusiones de los enemigos de la libertad y de la civilizacion, que no podian dejar de ver en la union poderosa de las cuatro potencias, una garantía segura del triunfo de los principios y de los intereses que havian formado la alianza, y era preciso que buscasen un nuebo ardid para desvirtuar la fuerza del tratado de la quadrupla alianza: este ha sido la esplotacion que quiere hacerse de la palabra *intervencion estrangera*, que agita pasiones, que escita susceptibilidades, que se persuaden pueden promover hondas cuestiones de alta política.

Las ilusiones no podian ser suficientes para provar que la causa

nécessaire pour une fuite, et ce prince se trouvant à la tête d'une
action qui, bien que sans appui et n'occupant qu'un coin de la
Péninsule, l'avait proclamé roi, il n'était pas difficile de prévoir que
ses partisans, dans toute l'Europe, ranimeraient ses espérances, et
que, dans le cas où le prétendant espagnol viendrait à triompher, don
Miguel verrait s'ouvrir de nouveau pour lui les portes de Lisbonne,
et les illustres réfugiés de Prague verraient leur Henri V placé sur le
trône si dignement occupé par la dynastie de juillet. Les intrigues se
multiplièrent, les efforts devinrent plus énergiques, et la faction crut
nécessaire d'exploiter l'idée que les affaires du Portugal étant termi-
nées, les effets du traité de la quadruple alliance avaient cessé, et
que ce même traité qui leur avait tant imposé était expiré.

Mais les puissances signataires du traité ne tardèrent pas à donner
un démenti victorieux aux rebelles en adoptant, le 15 août de la
même année, quelques articles additionnels, qui déclaraient l'existence du traité et accordaient des moyens appropriés aux besoins du
moment, sans exclure la concession de nouveaux moyens, si les événemens l'exigeaient.

La France se chargea de veiller à ce que les carlistes ne reçussent
ni aide ni secours par la voie de ses frontières ; l'Angleterre offrit et
donna en abondance au gouvernement de la reine des armes, des
munitions et d'autres objets nécessaires pour la guerre ; elle y ajouta
la promesse de coopérer avec une force navale, si les circonstances
le demandaient.

De cette manière furent détruites les illusions des ennemis de la
liberté et de la civilisation, qui ne pouvaient ne pas voir dans la
puissante union des quatre puissances un garantie sûre du triomphe
des principes et des intérêts qui avaient formé l'alliance ; aussi se
virent-ils obligés de chercher une nouvelle ruse pour paralyser les
effets du traité de la quadruple alliance. Cette nouvelle ruse consiste
dans la manière dont ils veulent exploiter le mot *intervention étrangère*, mot qui soulève des passions, qui excite des susceptibilités,
et par lequel ils s'imaginent pouvoir soulever de subtiles questions
de haute politique.

Les illusions ne suffisaient pas pour prouver que la cause de don

de D. Carlos hallaba en España simpatías para hacerla triunfar como havian pensado sus partidarios, y todos los elementos de que ya hemos hablado no alcanzaron á mas, y ciertamente no fué poco, que á impedir, segun ya hemos dicho, hasta ahora al govierno de la reyna concluir con el foco de la rebelion y apagar la guerra civil, conservando un estado de inquietud que es preciso terminar : la humanidad lo ecsige, la consolidacion y crédito del sistema político que rige en España lo necesita para consolidarse, ¿ será preciso bolver á nuebas estipulaciones, consecuencias del tratado, á los recursos y compromisos hipotéticos contraidos por la Francia en el artículo IV del mismo tratado, á la reclamacion de la cooperacion de la fuerza naval inglesa estipulado en el artículo 2º adicional ? Los resultados de la campaña abierta por el digno general Valdés han de decirlo, si concluye la cuestion tanto mejor, sino la concluye preciso será buscar el apoyo de la alianza.

¿ Mas este apoyo podrá ser nunca una intervencion ? No es posible; intervencion fué la que el gobierno de Louis XVIII verificó en España en 1823, en la que una fuerza estrangera entró en el territorio español y destruyó el gobierno que ecsistia y lo cambió por otro, apoyado en una opinion mas ó menos estensa, pero facciosa, porque atacaba al gobierno de hecho, al gobierno que havia reconocido sea como quiera la Europa entera en 1820 : esto es lo que se llama intervencion, la que en cualquiera eventualidad prestase ahora la Francia y la Inglaterra para terminar la guerra civil y consolidar el trono de su aliada, no seria ni podria ser intervencion, seria un auxilio consiguiente al cumplimiento de un tratado, seria la consecuencia de una estipulacion cuya aplicacion y cuya latitud quedó sujeta á eventualidades y á hipótesis que las circunstancias devian calificar, era no una cuestion europea] como lo fué la intervencion de la Francia en España; cuestion agitada en Laybak, Troppau y Verona, era una cuestion sola y exclusiva entre las potencias signatarias del tratado de Londres; á las demas de Europa les era enteramente agena, no podian mezclarse ni se mezclarian, se conservarian meras espectadoras como á su vez lo fueron la Francia y la Inglaterra, cuando un exército austriaco entró en los estados pontificios para asegurar su tranqui-

Carlos trouvait en Espagne des sympathies qui pouvaient la faire triompher, comme l'avaient pensé ses partisans ; et tous les maniaques dont nous avons déjà parlé ne sont parvenus jusqu'à présent (et ce n'est pas peu de chose) qu'à empêcher le gouvernement de la reine d'éteindre le foyer de la rebellion, et de mettre un terme à la guerre civile et à cet état d'inquiétude qu'on ne saurait plus tolérer, choses que pourtant l'humanité réclame et dont le système politique qui gouverne l'Espagne a besoin pour se consolider et s'accréditer. Faudra-t-il faire de nouvelles stipulations additionnelles au traité ? faudra-t-il recourir aux engagemens hypothétiques pris par la France dans l'article 4 du même traité ; réclamer la coopération d'une force navale anglaise en vertu du deuxième article additionnel ? Les résultats de la campagne ouverte par le digne général Valdès répondront à ces questions. Si cette campagne termine l'affaire, tant mieux ; sinon il faudra solliciter l'appui de l'alliance.

Mais cet appui pourra-t-il jamais devenir une intervention ? non, cela n'est pas possible. Ce que Louis XVIII fit envers l'Espagne en 1823, ce fut une intervention ; car alors une force étrangère envahit le territoire espagnol, détruisit le gouvernement existant, et le remplaça par un autre appuyé sur une opinion plus ou moins répandue, mais factieuse, parce qu'elle attaquait le gouvernement de fait, gouvernement, bon ou mauvais peu importe, que l'Europe entière avait reconnu en 1820. Voilà ce qu'on appelle une intervention, mais ce que la France et l'Angleterre pourraient faire désormais dans une éventualité quelconque, pour terminer la guerre civile et consolider le trône de leur alliée, ne serait et ne pourrait être une intervention : ce serait un secours fourni en exécution d'un traité ; ce serait la conséquence d'une stipulation dont l'application et la latitude sont subordonnées à des éventualités et à des hypothèses que les circonstances doivent légitimer. En pareil cas, il ne s'agirait pas d'une question européenne comme celle de l'intervention de la France en Espagne en 1823, question qui fut discutée à Laibach, à Troppau et à Vérone ; mais seulement d'une question concernant exclusivement les puissances signataires du traité de Londres, et qui serait sous tous les rapports étrangère aux autres puissances de l'Europe, les-

lidad, como lo estubieron cuando tropas rusas acudieron á sostener la Turquia contra el Pachá, como lo havia estado la Prusia cuando se sitió y tomó á Amberes, cuando como decia la circular dirigida desde Laybak á los agentes diplomaticos rusos en 10 de mayo de 1821 : « El emperador de Rusia fiel á sus promesas havia embiado á peticion « de Austria y del legítimo soberano del reyno de Cerdeña un exér- « cito de 100,000 hombres para precaver los funestos efectos dema- « siado probables de la sublevacion militar que acababa de estallar « en el Piemonte. »

En fin no seria mas que una nueva aplicacion de un principio que los soberanos aliados mismos erigieron por dogma en Troppau, Laybak y Verona « *de que cuando los intereses esenciales de un pais estan comprometidos, aun la intervencion es de derecho* »¿ Y los intereses esenciales de la monarquía francesa de julio estarian menos comprometidos con el triunfo de D. Carlos que lo podian estar los de Luis XVIII con la ecsistencia y continuacion del govierno constitucional de España ? Pues á pesar de esto la cooperacion de la Francia y la Inglaterra nunca seria una intervencion como la de 1823 por la que la santa alianza tuvo poco escrúpulo, pues se trataba del triunfo de los que llamavan sus principios.

¿ Mas cuando el frenético espíritu de partido analizó cuestiones ? ¿ Cuando le importó una conflagracion de la Europa y del mundo que empezada difícilmente podia preverse su resultado ? Los partidos políticos estremos buscan triunfar, los medios les son absolumente indiferentes.

Pero á su pesar, es menester que se convenzan que la paz es una divisa y una necesidad del siglo, es el producto de la civilizacion, es una necesidad reconocida y sancionada por todos los hombres de estado de la Europa, y cuya aplicacion se ha hecho ya, por sucesos repetidos que en otra época y otro siglo huviesen hecho romper cien veces las hostilidades : es menester dejar á un lado las ilusiones; el

quelles ne pourraient s'en mêler, ni ne s'en mêleraient, et resteraient simples spectatrices, comme à leur tour le furent la France et l'Angleterre lorsqu'une armée autrichienne entra dans les états pontificaux pour y assurer la tranquillité; comme elles le furent lorsque des troupes russes accoururent pour soutenir la Turquie contre le Pacha ; comme le fut la Prusse lors du siége et de la prise d'Anvers, et lorsque (comme disait la circulaire adressée à Laibach, en date du 10 mai 1821, aux agens diplomatiques russes) : « L'empereur de la « Russie, fidèle à ses promesses, avait envoyé, sur la demande de « l'Autriche et du souverain légitime du royaume de Sardaigne, une « armée de 100,000 hommes, pour prévenir les effets funestes et « trop probables du soulèvement militaire qui venait d'avoir lieu « dans le Piémont. »

Enfin, ce ne serait qu'une nouvelle application du principe que les souverains alliés érigèrent en dogme à Troppau, à Laibach et à Vérone, savoir : *que, lorsque les intérêts essentiels d'un pays sont compromis, l'intervention est encore de droit.* Et les intérêts essentiels de la monarchie française de juillet seraient-ils moins compromis par le triomphe de don Carlos que ne l'étaient ceux de Louis XVIII par l'existence et la continuation du gouvernement constitutionnel d'Espagne ? Mais, malgré cela, la coopération de la France et de l'Angleterre ne serait jamais une intervention comme celle de 1823, dont la sainte alliance ne se fit pas scrupule, parce qu'il s'agissait de faire triompher ce qu'elle appelait ses principes.

Mais l'esprit de parti a-t-il jamais examiné sérieusement les questions ? a-t-il jamais hésité à exciter une conflagration dans l'Europe et le monde entier, même lorsqu'il était impossible d'en calculer les conséquences ? Les partis politiques extrêmes cherchent à triompher, et pour y parvenir tous les moyens leur sont bons.

Cependant ils finiront par se convaincre malgré eux que la paix est une nécessité de notre siècle et le produit de la civilisation, qu'elle est une nécessité reconnue et sanctionnée par tous les hommes d'état de l'Europe, et que son application a été trouvée être à l'épreuve d'événemens qui, à une autre époque et dans un autre siècle, auraient déja fait éclater cent fois des hostilités. Il faut écarter toutes les

que D. Carlos ó la reyna Isabel reinen en España jamas puede suscitar una guerra europea, y sean las que quieran las medidas que ecsigiesen las circunstancias, acordasen los aliados de pasar los Pirineos tropas francesas, desembarcar en las costas españolas fuerzas inglesas en combinacion para la terminacion de la guerra civil, cuya duracion tampoco puede tolerar por mucho tiempo la civilizacion, nada podia suscitarse; la Europa del norte ne recurriria jamas á amenazas ni á un lenguaje que hiriese el honor de la Francia y de la Inglaterra que no tolerarian jamas, y que serian tan solo una estéril fanfarronada : suscitarianse á lo mas controversias diplomáticas.

Hemos llegado naturalmente á la parte mas delicada de nuestro trabajo, al ecsámen de la cuestion española, relativamente á los goviernos de Europa, que no han reconocido el de la reyna Isabel, colocándose en una situacion incierta y contradictoria por la línea diversa que han seguido con la Inglaterra y la Francia.

Para esclarecer esta cuestion importante, es absolumente imposible dejar de trasladarnos á los sucesos ocurridos en España en la Granja el año 1832; estos sucesos son realmente capitales, para juzgar fielmente las cuestiones sucesibas enlazadas con las potencias que no han reconocido el gobierno de la reyna, y que son de la primera importancia, y que desgraciadamente se han estrabiado en la manera en que se han considerado. Moribundo el rey, varios agentes diplomáticos estrangeros en la Granja, conferenciaron y decidieron, que el ministro de Nápoles se presentará á la reyna, y la dijese que la opinion pública estaba en contra suya, que iba á encenderse una guerra civil, y que iba á correr sangre española á torrentes, y que el solo medio de evitarla era que el rey anulase la pragmática de marzo(1) : la reyna atemorizada hizo que el rey casi espirando firmase

(1) En este ridiculo documento en el que se hizo poner la firma al rey, no era ni legible; tal era su estado físico.

illusions; que ce soit don Carlos ou la reine Isabelle qui règne sur l'Espagne, aucun de ces deux cas ne suscitera jamais une guerre européenne; il en est de même des moyens que les circonstances pourraient exiger; que les alliés permettent à des troupes françaises de passer les Pyrénées et à des forces anglaises de débarquer en Espagne pour agir ensemble afin de terminer la guerre civile dont la civilisation ne pourra non plus tolérer la continuation pendant longtemps, rien de tout cela ne pourra faire naître des hostilités entre les puissances. Jamais le nord de l'Europe ne recourra à des menaces ou à un langage qui pourrait offenser l'honneur de la France et de l'Angleterre; car celles-ci ne souffriraient pas une pareille conduite, qui au fond ne serait qu'une fanfaronnade stérile, de laquelle il résulterait tout au plus des discussions diplomatiques.

Nous sommes arrivés naturellement à la partie la plus délicate de notre travail, c'est-à-dire à l'examen de la question espagnole, par rapport aux gouvernemens de l'Europe, qui n'ont pas reconnu celui de la reine Isabelle, et se sont placés dans une position incertaine et contradictoire, par la conduite diverse qu'elles ont tenue envers l'Angleterre et la France.

Pour éclaircir cette importante question, il faut absolument nous transporter aux événemens qui eurent lieu en 1832 à la Granja, en Espagne. La connaissance de ces événemens est indispensable pour pouvoir résoudre loyalement les questions qui se sont successivement élevées entre l'Espagne et les puissances qui n'ont pas reconnu le gouvernement de la reine, questions qui sont du plus haut intérêt, et que malheureusement on a envisagées jusqu'ici sous un faux point de vue. Lorsque le roi était moribond, plusieurs agens diplomatiques étrangers qui se trouvaient à la Granja tinrent une conférence et décidèrent que le ministre de Naples se présenterait à la reine et lui dirait que l'opinion publique était contre elle; qu'une guerre civile allait s'allumer, que le sang espagnol coulerait par torrens, et que le seul moyen d'éviter ces grands maux était de faire annuler par le roi la pragmatique du mois de mars (1). La reine intimidée

(1) Quant à l'état matériel de cet étrange document, nous ferons observer que la signature du roi était tout à fait illisible. Tel était l'état du roi moribond.

la ridícula revocacion de la pragmática : no analizarémos sino ligerisimamente este paso dado por estos diplomáticos, entre los que el de Austria, fué llamado por el Infante D. Carlos y pedido consejo, que dió en el sentido mas honroso para su buena fé, aconsejando al Infante el camino de entera moderacion de principios, en el sistema que devia empezar al sentarse en el trono; pero es evidente, que el paso de la revocacion en la forma que lo hicieron verificar al moribundo rey, era ilegal á todas luces, y que su aplicacion huviese atropellado todos los principios fundamentales de las leyes españolas. La reyna no tenia derecho á mezclarse ni perjudicar derechos que no eran suyos, pues lo eran de sus hijas : el rey no podia revocar la pragmática que no era la ley, sino su publicacion, pues para deshacer la ley echa por los cortes y el rey, era menester otras cortes : esto es tan tribial que nadie lo podia desconocer : el anular el solo acto de la publicacion era risible : el hecho si el rey huviera muerto, havria sido el que se huviese querido, y tal vez el infante D. Carlos se havria al pronto sentado en el trono, con mas ó menos contradiccion; pero los principios legales no havrian dejado por esto de infringirse clarísimamente : invocamos el testimonio de todos los hombres que conozcan la legislacion española.

Mas aun, este acto quedó sin efecto, y el rey en 31 de diciembre declaró solemnemente (1) que aquella revocacion ilegal havia sido arrancada por la intriga. El monarca mismo solo, sentado en su silla, pronunció estas palabras : « Cuidado, señores, que esta es mi sola y segura voluntad » despues de haver dicho en el decreto, que ni como rey, ni como padre, podia haver hecho lo que espirando firmó en la Granja. Si en esta transicion huvo manejos revolucionarios é influencias liberales, es facil pensarlo al ver ocupando la presidencia del consejo de ministros al individuo que la ocupaba en 31 de diciembre de 1832.

(1) A este acto se hizo asistir á la diputacion de los reynos, á la diputacion de la grandeza y á dos individuos de cada uno de los consejos supremos.

fit de sorte que le roi, presque expirant, signa la ridicule révocation de la pragmatique. Nous n'examinerons guère la démarche que firent les diplomates étrangers. L'un d'eux, l'ambassadeur d'Autriche, fut consulté par don Carlos, et lui donna des conseils qui font le plus grand honneur à sa bonne foi : il engagea l'infant à suivre des principes très modérés dans le principe gouvernemental, qui devait commencer dès son avénement au trône. Cependant il est incontestable que l'acte de la révocation, tel qu'il a été fait par le roi moribond, était illégal sous tous les rapports, et que sa mise à exécution eût été contraire à tous les principes fondamentaux de la législation espagnole. La reine n'avait pas le droit de préjudicier, à des droits qui n'étaient pas les siens, mais ceux de ses filles ; le roi ne pouvait pas révoquer la pragmatique qui, d'ailleurs, n'était pas la loi de succession, mais seulement la promulgation de cette loi ; pour abroger une loi faite par les cortès et le roi, il aurait fallu le consentement d'autres cortès : vérité généralement reconnue et presque triviale. Annuler le seul acte de la promulgation était tout-à-fait ridicule. Si le roi était décédé à cette époque, on aurait obtenu ce qu'on voulait ; don Carlos serait peut-être monté sur le trône, malgré les objections d'une partie plus ou moins grande du peuple ; mais les principes de droit n'en eussent pas été moins violés ; et, à l'appui de cette opinion, nous invoquons le témoignage de toutes les personnes qui connaissent la législation espagnole.

Quoi qu'il en soit, l'acte dont il s'agit resta sans effet ; car, le 31 décembre, le roi déclara solennellement (1) que la révocation illégale de la pragmatique lui avait été arrachée par l'intrigue. Le monarque lui-même, assis dans son fauteuil, après avoir dit dans le décret que, ni comme roi, ni comme père, il n'avait pu faire ce que, presque expirant, il signa à la Granja, prononça ces mots : « Observez bien, « Messieurs, que ceci est ma seule et ferme volonté. » Qu'il y ait eu dans cette transition des menées révolutionnaires et des influences libérales, cela n'est nullement probable, lorsqu'on se rappelle quel était l'homme qui occupait la présidence du conseil le 31 décembre 1832.

(2) A cet acte on fit assister la députation des royaumes, la députation du corps des grands d'Espagne, et deux membres de chacun des conseils suprêmes.

Preciso nos ha sido detenernos á dar estos detalles, porque ellos estan ligados muy esclusivamente con la grabísima cuestion de la política equivocada y funesta de algunos gabinetes de Europa, tal vez víctimas de informes y noticias producidas por debilidades humanas, y de no querer los hombres hacer holocausto de su amor propio en las aras de la verdad y de la justicia ; teniendo en menos el acto mas honroso entre los hombres de decir sincera y lealmente : me he equivocado.

En efecto, los mismos hombres que dijeron á sus cortes, el partido de la sucesion directa es nulo, la opinion pública, es sola y esclusivamente en favor de D. Carlos ; la reyna y sus hijas serán lanzadas del trono y todo lo consiguiente á la opinon primitiva, que formaron con la mas pura buena fé, si se quiere, pero funestamente equivocados ; no tenian mas que un medio, ó llamar revolucionario y transitorio á todos los echos que demostraban su equivocacion, ó decir lealmente que se havian engañado : elijieron sin duda el primer partido, y el consejo de Castilla y todos los otros consejos supremos, el de estado, la grandeza, las notavilidades del pais, tanto eclesiásticas en su mayor parte, como todas las militares y civiles que se adhirieron á la legitimidad, fueron y devieron ser calificadas de revolucionarios.

Tales eran los antecedentes que sirvieron de base á la opinion, cuya inesactitud han comprobado los acontecimientos sucesivos, de que todo lo que ocurriese en España como resultado de la cuestion de sucesion era transitorio y revolucionario, y tal fué de consiguiente la línea política seguida por las grandes potencias del norte, al verificarse la muerte del rey Fernando.

Las protestas de la casa de Nápoles y la de Saboya eran naturales, pero los fundamentos en que se apoyaban fueron tan deviles, pues que partian de la ecsistencia de una ley derogada, al menos tan en regla como en la que se apoyaba el derecho y del absurdo clásico de considerar la corona de España como patrimonial, no haviendo sido jamas sino usufructuaria, y aplicando á Felipe V condiciones que ya hemos probado que no tenia, y por otra parte los derechos eran tan

il nous a fallu donner ces détails, parce qu'ils sont étroitement liés à la grave question relative à la politique équivoque et funeste de quelques cabinets de l'Europe, qui se sont laissé induire en erreur par des rapports et des renseignemens inexacts; effet qui doit être attribué en partie à la faiblesse humaine, en partie à cette répugnance qu'ont les hommes à sacrifier leur amour propre sur les autels de la vérité et de la justice, et à faire l'acte le plus honorable parmi les hommes, celui de dire sincèrement et loyalement : *Je me suis trompé.*

En effet les mêmes diplomates qui avaient dit à leurs cours que le parti de la succession directe était nul, que l'opinion publique était uniquement et exclusivement en faveur de don Carlos, que la reine et ses filles seraient chassées du trône, et tout ce qui résultait de l'opinion primitive qu'ils s'étaient formée de bonne foi, si l'on veut, mais préoccupés d'une erreur funeste; ces diplomates, disons-nous, se trouvaient réduits à cette alternative : ou appeler révolutionnaires et transitoires tous les faits qui prouvaient leur erreur, ou déclarer loyalement qu'ils s'étaient trompés. Ils ont sans doute pris le premier parti; de sorte que le conseil de Castille et les autres conseils suprêmes, le conseil d'état, les grands d'Espagne, une grande partie des notabilités ecclésiastiques et toutes les notabilités civiles et militaires furent qualifiés de révolutionnaires.

Tels furent les antécédens qui ont servi de base à l'opinion (dont l'inexactitude a été confirmée par les événemens mêmes qui ont eu lieu) que tout ce qui arriverait en Espagne par suite de la question de succession ne pourrait être que transitoire et révolutionnaire, opinion suivant laquelle les grandes puissances du nord ont réglé leur conduite politique dès le moment où mourut le roi Ferdinand.

Les protestations de la maison royale de Naples et de celle de Savoie étaient naturelles, mais leurs bases trop faibles, attendu que ces actes prenaient pour point de départ d'abord l'existence d'une loi abrogée, qui, pour le moins, était aussi formelle que celle sur laquelle le droit se fonde, et ensuite la grande absurdité de regarder la couronne d'Espagne comme un patrimoine, tandis qu'elle n'avait jamais été qu'un usufruit, et attribuer à Philippe V des qualités

remotos, que estas protextas quedaban reducidas á uno de estos actos formularios en diplomacia, que son tan solo cabos sueltos para aprovechar eventualidades y aplicar la elasticidad de la ciencia llamada diplomacia.

La negatiba de la corte de Roma, si bien no podia hallar apoyo en el evangelio, único código que devia regir en la cabeza del orbe cristiano, y en el representante que se dice en la tierra del dívino redentor que havia dicho, *mi reyno no es el de este mundo;* no podia producir otro resultado que poner en riesgo y agitar cuestiones de suyo resbaladizas y que una vez lanzado un pais en ellas, suelen pasarse los términos de lo justo y aun arriesgar principios conservadores y de un interés verdaderamente social.

Mas bolvamos á las grandes potencias, la Rusia, Austria y Prusia, cabezas de la alianza que hace algunos años tomó el nombre de santa, y las que sin reconocer á D. Carlos ni faborecerle de un modo oficial y ostensible, hemos dicho ya que no han reconocido á Isabel II: ecsaminemos esta grave cuestion con la cabeza fria de hombres de estado.

Lejos de nosotros ciertamente la ídea que dudas suscitadas sobre la cuestion al derechó de sucesion, han podido tener tanta importancia; deve haber havido otras razones para hacer colocar á estas potencias como ya hemos dicho, en una especie de escision con la Francia y la Inglaterra; y para resolverse á abandonar en la España un terreno mas ó menos en relacion con sus intereses inmediatos; pero en el que siempre havian procurado cada una por su lado egerzer la mayor influencia posible: si pudiesemos abrir los archivos de los ministerios de negocios estrangeros de Petersburgo, Viena y Berlin, hallariamos mas fácilmente comprobantes de esta verdad, que documentos por los que constase que ningun agente diplomático en Madrid, huviese dicho que la España estaba bien governada, ni que un pais podia ecsistir tal como se hallaba en las funestas administraciones de los Lozanos de Torres, de los Eguias y de los Calomardes.

qu'il n'avait pas, comme nous l'avons déja prouvé. Au reste les droits dont il s'agissait étaient si loin d'application, que ces protestations ne purent avoir d'autre valeur que ces formulaires diplomatiques qui, au fond, ne se composent que d'articles détachés, rédigés dans le seul but de mettre les gouvernemens à même de tirer parti des événemens futurs, et d'employer l'élasticité qu'a la science appelée diplomatie.

Le refus de la cour de Rome de reconnaître Isabelle II n'était certes fondé sur l'Evangile, seul code qui devait régler la conduite du chef du monde chrétien et du représentant sur la terre du divin Rédempteur, qui disait : *Mon règne n'est pas de ce monde.* Ce refus ne pouvait produire d'autre résultat que de soulever des contestations périlleuses, de nature à faire sortir des bornes du juste les habitans du pays qu'elles intéressent, et à mettre en question les principes conservateurs et du plus haut intérêt social.

Mais revenons aux grandes puissances, la Russie, l'Autriche et la Prusse, chefs de l'alliance qui, depuis quelques années, a adopté l'épithète de *sainte*, lesquelles, sans reconnaître ni favoriser ostensiblement don Carlos, comme nous l'avons déja dit, n'ont pas non plus reconnu Isabelle II. Examinons cette grave question avec le sang-froid de l'homme d'état.

Loin de nous l'idée que des doutes sur le droit de succession aient pu avoir assez d'importance pour faire adopter une pareille conduite. Il a dû y avoir d'autres raisons qui aient décidé ces puissances à se séparer de la France et de l'Angleterre et à abandonner en Espagne un terrain qui intéresse plus ou moins leurs intérêts immédiats, mais où elles ont toujours tâché, chacune de son côté, d'exercer la plus grande influence possible. Si nous pouvions ouvrir les archives des ministères des relations extérieures de Saint-Pétersbourg, de Vienne et de Berlin, nous y trouverions plus facilement des preuves de cette vérité, que des documens constatant qu'aucun agent diplomatique à Madrid ait dit que l'Espagne fût bien gouvernée, ou qu'un pays pût subsister dans un état tel que celui où se trouvait la Péninsule sous la funeste administration des Lozano de Torres, des Eguia et des Calomarde.

Habrémos pues de atribuir esta conducta singular, ya á la impresion causada por los primeros informes que hemos mencionado, ya á la especie de contradiccion que no puede dejar de adbertirse entre sucesos posteriores y cierto documento oficial funestamente célebre en los anales de la imprebision política, que tubo su orígen en el ministro director de los negocios en los momentos de la muerte del rey. En efecto, en política como en todos los actos humanos, nada hay mas absurdo ni mas necio que lo imposible de realizar, y de esta especie eran los anuncios y las promesas del documento á que aludimos : consumado el echo de la variacion de la ley de sucesion, nacidos con ella los elementos de resistencia que havian de acompañar á la causa del pretendiente; preecsistentes los partidos políticos que devian jugar en la lucha de los dos diferentes principios que representaban, la reyna y el Infante, decir: nada ha pasado, el govierno despótico que havia en España, solo mas modificado, seguirá como antes, es el absurdo mas clásico que ha podido ocurrir á ningun hombre de estado ¿ Govierno despótico? ¿ Y donde estaba el despota? ¿ Quien representaba este papel el mas difícil y complicado que hay que representar en el siglo 19 ? Un trono de una niña de cuatro años y una madre tutora, sin clientela, sin partido personal y sin mas fuerza que la que pudiese acquirir representando un principio y creando intereses poderosos que identificase con los de la consolidacion del trono de su hija supliendo su devilidad con instituciones juiciosas, acomodadas á los usos, á las costumbres y á los deseos de las clases que por simpatías se tenian que identificar al nuebo trono, cuya debilidad no podia suplirse sino por instituciones que diesen á las leyes el imperio y la fuerza de la soberanía.

Mas fuera una ú otra de estas razones, la buena fé y los acontecimientos huvieran devido destruirlas á la sola comparacion de los nombres y los hombres que se han identificado con cada partido, viendo al lado de la reyna cuanto hay de notable en todas las clases del estado, sin escluir parte del alto clero, cuyos nombres mas res-

Nous devons aussi attribuer cette conduite singulière, soit à l'impression que firent les premiers rapports dont nous avons parlé plus haut, soit à cette espèce de contradiction qu'on remarque entre les événemens postérieurs et certaine pièce officielle funestement célèbre dans les annales de l'imprévoyance politique, et qui émana du ministre directeur des affaires au moment où mourut le roi. En effet, dans la politique comme dans toutes les actions humaines il n'y a rien de plus absurde que de vouloir faire l'impossible, et de ce genre étaient les prédictions et les promesses contenues dans le document auquel nous faisons allusion : car, déclarer après le changement fait à la loi sur la succession au trône, en présence des élémens de résistance que ce changement avait fait naître en faveur de la cause du prétendant, en présence des partis politiques qui devaient agir dans la lutte des deux principes représentés par la reine et l'infant ; déclarer, disons-nous, en ces circonstances que rien ne s'était passé, que le gouvernement despotique qui existait en Espagne serait continué avec quelques modifications, ce fut la chose la plus absurde qu'un homme d'état ait jamais pu faire. Gouvernement despotique, dites-vous ! mais où est le despote ? De quoi s'agissait-il donc dans cette pièce la plus malencontreuse qui soit émanée de la diplomatie du XIXe siècle ? — Il s'agissait du trône d'un enfant de quatre ans et de sa mère, sa tutrice, sans protection, sans parti personnel et sans autre force que celle que cette mère pourrait acquérir en représentant un principe, en créant des intérêts qui s'identifiassent avec la consolidation du trône de sa fille, et en suppléant à la faiblesse de celui-ci par des institutions sages et en harmonie avec les usages, les coutumes et les désirs des classes qui, par sympathie, devaient embrasser la cause du nouveau trône ; car, en effet, le seul moyen de donner à celui-ci des bases solides était de placer la souveraineté dans les lois.

Mais, dans le cas même où la conduite des puissances aurait eu pour cause soit la bonne 'foi, soit les événemens, cette cause aurait dû disparaître par la seule comparaison des noms et des hommes qui se sont identifiés avec chacun des deux partis. On voit du côté de la reine tout ce qu'il y a de notable dans toutes les classes de

petables ocupan un puesto entre los legisladores de las cortes combocadas á nombre de Isabel II\ª, y en el otro, ni un solo nombre de antecedentes : un Coronel que ha dado pruebas de su talento militar, pero que abrazó esta causa por despique contra el govierno de la reyna, que con razon ó sin ella le havian maltratado, este es su caudillo, guerilleros obscuros cuya fortuna se improbisó en la escuela de la vida vagamunda y el robo, y cuyos elementos han correspondido siempre al llamamiento del desórden y de la insurreccion, lo mismo en 1823 que en 1827, idénticamente en 1834: Frailes que no conserbando de su instituto sino el vestido, han profanado sus asilos un dia sagrado, con vicios y pasiones de una naturaleza que la pluma se resiste á describir; hombres enfin que sin entrar para nada el bien de su patria gritarian y alzarian mañana su voz contra Carlos V si no daba á cada fraile una canongía ó una mitra, á cada oficial una faja, á cada hombre un empleo con un gran sueldo : esta pintura no la ecsagera el espíritu de partido, imbocamos el testimonio de todos los Españoles sean las que quieran sus opiniones, con tal que sean honrados : estos son pues la inmensa mayoría del partido del pretendiente.

Mas con tales elementos y con el apoyo de la alianza, el triunfo no puede ser dudoso, ni que despues de él las potencias reconocerán sin duda, pero en verdad que esta tardanza deve procurar á estos goviernos un cargo terrible en el tribunal de la historia que acaso puede reconvenirles y recordarles cierta especie de contradiccion de principios y de opiniones, cuyo recuerdo jamas es grato.

A la historia pertenecen ya las notas pasadas por el Austria, la Rusia y la Prusia al govierno constitucional de Madrid en 1823; donde estan pues, en la cuestion presente, las causas que entonces se alegáron para interrumpir las relaciones amistosas de estas potencias con la España ¿ procede por ventura el derecho de la reyna Isabel de una insurreccion militar ? ¿ No ? esta niña inocente tiene el apoyo de

l'état, y compris une partie du haut clergé, dont les membres les plus respectables se trouvent parmi les législateurs des cortès convoqués au nom d'Isabelle II; tandis que du côté opposé il n'y a pas un seul homme à antécédens honorables : on y trouve, il est vrai, un Colonel qui a donné des preuves de talent militaire; mais cet officier n'a embrassé la cause du prétendant que par dépit contre le gouvernement de la reine, parce que celui-ci, avec ou sans raison, l'avait maltraité. Tel est le chef de ce parti; le reste se compose de *guerrilleros* obscurs dont la fortune s'est improvisée dans le vagabondage et le brigandage, et qui ont toujours répondu à l'appel du désordre et de l'insurrection, tant en 1823 et en 1827 qu'en 1834; de moines qui n'ont conservé de leur état que le costume, et qui, un jour sacré, ont profané leurs asiles par des vices et des passions que la plume se refuse à décrire; d'hommes enfin qui, ne comptant pour rien le bien-être de leur patrie, élèveraient demain leur voix contre don Carlos, s'il ne donnait à chaque moine un canonicat ou une mitre; à chaque officier le grade de général, et à chacun d'eux tous une place largement rétribuée. Ce tableau n'est point exagéré par l'esprit de parti, et à ce sujet nous invoquons le témoignage de tous les Espagnols honorables, quel que soit le parti auquel ils appartiennent. Voilà donc de quoi se compose l'immense majorité de celui du prétendant.

Mais, avec de tels adversaires et avec l'appui de la quadruple alliance, il est facile de prévoir que la bonne cause finira par triompher; et alors les puissances reconnaîtront sans doute que leurs tergiversations à l'égard de l'Espagne leur susciteront une terrible accusation devant le tribunal de l'histoire, qui pourrait bien rappeler une certaine contradiction en fait de principes et d'opinions dont le souvenir n'est jamais agréable.

Les notes adressées par l'Autriche, la Russie et la Prusse au gouvernement constitutionnel de Madrid appartiennent déja à l'histoire. C'est dans ces notes, aussi bien que dans la question actuelle, qu'on trouve les motifs que ces trois puissances ont allégués pour interrompre leurs relations amicales avec l'Espagne. Le droit d'Isabelle procéderait-il par hasard d'une insurrection militaire? — Non, le

su derecho en los principios de la mas estrecha legitimidad, una ley cuya ecsistencia está identificada con la antigua monarquía española y cuya memoria se pierde en la de los siglos, es su título fundamental, y el testamento del rey su padre arreglado á las leyes españolas, la declaracion de este derecho que no toca á la santa alianza debilitar. El Estátuto real, no es ciertamente la constitucion de 1812, que las tales notas atacaban como impracticable, las cortes españolas de Isabel II divididas en dos estamentos, reconocido en el alto, el principio eminentemente conserbador de el derecho hereditario : no son las cortes de 1820.

La España en fin ha seguido como principios constitutivos del trono de la reyna, los consejos saludables y las opiniones prudentes del emperador de Rusia consignados en documentos recientes que tambien pertenecen á la historia : hablamos de las notas de la Rusia de 2 de mayo de 1821 y la circular que la acompañaba, y la de 26 de noviembre de 1822 : inutil y aun perjudicial seria comentar estos documentos, mucho mas fuerte y convincente será transcribir literalmente algunos de sus períodos.

« Las potencias aliadas no han dejado nunca de conocer, que solo
« con unas instituciones solidas, podia asegurar sus bases la antigua
« monarquía española.'

« Los soberanos aliados han echo mas todabía; han echo entender
« suficientemente, que estas instituciones dejarian de ser un medio
« de paz y felicidad, si en vez de ser dadas por bondad, fuesen adop-
« tadas por devilidad y como último recurso de salbacion.

« Los aliados han deseado que tanta en Europa como en América,
« instituciones conformes á los progresos de la civilizacion, y á las
« necesidades de los tiempos, puedan producir á los Españoles largos
« años de paz y ventura; y estos deseos son hoy los mismos.

« Los aliados han deseado tambien que estas instituciones vengan
« á ser un bien efectivo por el medio legal de su establecimiento, y
« hoy lo desean del mismo modo.

droit que cet enfant innocent a à la couronne est fondé sur les principes de la plus stricte légitimité : ses titres sont, 1º une loi dont l'existence s'est identifiée avec celle de l'antique monarchie espagnole, et dont l'origine se perd dans les siècles les plus reculés ; 2º le testament du roi son père, qui est conforme aux principes des lois espagnoles ; 3º la déclaration du droit dont il s'agit, et qu'il n'appartient pas à la sainte alliance de modifier. Le statut royal n'est certainement pas la constitution de 1812 qu'attaquaient les notes dont nous venons de parler et les cortès d'Isabelle II, divisées en deux chambres, et reconnaissant par dessus tout le principe éminemment conservateur du droit héréditaire, ne sont pas les cortès de 1820.

Enfin, l'Espagne a adopté, comme principes constitutifs du trône de la reine, les salutaires conseils et les opinions prudentes de l'empereur de Russie, qui sont consignés dans des documens récens qui appartiennent également à l'histoire ; nous entendons parler des notes de la Russie du 2 mai 1821, de la circulaire qui les accompagnait et de la note de la même puissance, en date du 26 novembre 1822. Il serait inutile et même préjudiciable de commenter ici ces pièces ; nous convaincrons plus facilement nos lecteurs en en transcrivant littéralement les passages suivans :

« Les puissances alliées n'ont jamais négligé de connaître que c'é-
« tait seulement au moyen d'institutions solides que l'antique monar-
« chie espagnole pouvait affermir ses bases. »

« Les souverains alliés ont encore fait davantage : ils ont suffisam-
ment donné à entendre que ces institutions cesseraient d'être un moyen de paix et de bonheur, si, au lieu d'être données par bonté, elles étaient adoptées par faiblesse et comme un dernier moyen de salut. »

« Les alliés ont désiré que, tant en Europe qu'en Amérique, des
« institutions conformes aux progrès de la civilisation et aux néces-
« sités des temps pussent procurer aux Espagnols de longues années
« de paix et de bonheur, et aujourd'hui leurs désirs sont encore les
« mêmes. »

« Les alliés ont désiré aussi que ces institutions devinssent un bien
« réel par le moyen légal de leur établissement, et aujourd'hui ils
« désirent la même chose. »

Hé aquí pues lo que el govierno de la reyna á hecho, restablecer las antiguas leyes de la monarquía española acomodando à ellas instituciones « conformes á los progresos de la civilizacion y á las necesidades de los tiempos » deseando con S. M. I. que puedan producir á los Españoles largos años de paz y ventura.

Y despues de haver seguido la España camino tan juicioso y circunspecto ¿ podrá durar por mucho tiempo su falta de reconocimiento ? ¿ Podrá esperarse no que un príncipe que disputa un trono triunfe, sino que el cabeza é instrumento semi pasibo de una reacion y de un partido pudiera aprovechar un momento de triunfo que seria efímero, y que mas ó menos pronto iba á comprometer los principios monárquicos en España ? No lo creemos posible, asi como creemos que al triunfo de la causa de la reyna estan identificados los intereses de la monarquía moderada y de la estabilidad, y con los del pretendiente la horrible reaccion que los comprometia todos sin escluir al mismo príncipe; que si bien su triunfo no es fácil, lo es todabía mucho mas, que el que el mismo dejara de ser víctima de las ecsigencias de su bárbaro y fánatico partido, á quien no podria satisfacer sino resolviendose á reinar sobre las ruinas y escombros, y haciéndose instrumento sumiso para traher la nacion española al siglo XII: la cita de escesos y desórdenes (1) que pueden atruibuirse á la época del go-

(1) Nosotros condenamos con el mayor vigor los sucesos desgraciados de julio y enero en Madrid, y los de Zaragoza y Malaga, etc., vemos en su actuacion la mano horrible de conspiradores encubiertos con el velo de la ecsaltacion : deseariamos ciertamente que los tribunales hiciesen justa y severamente su dever, ya para lebantar el velo que encubre las causas de estos horrores, las que se hallarian sin grand dificultad, ya para hacer caer la cuchilla de la ley sobre los culpados, y que el poder legislatibo de España ecsaminase la utilidad que produciria á la causa de la libertad una ley que hiciese cesar los elementos que siempre son subersivos del órden social, cuya máxima está reconocida ya en los paises mas libres. La república de Mégico, á la que no se la podrá acusar de seguir un sistema retrógado, dió en 1828 una ley severa contra las sociedades secretas que ecsistiesen y pudieran ecsistir en lo sucesivo en el territorio de la república federal : el congreso y el senado conocieron una verdad eterna, que ecsistiendo en un estado un poder que no es legal, siempre es mas fuerte que el govierno, que con el, no se puede governar ni hay govierno posible por mas liberales que sean sus principios, y que la ecsistencia de él ha de producir como resultado preciso, primero la anarquía y como su consecuencia precisa la disolucion social.

Voici maintenant ce que le gouvernement de la reine a fait : il a rétabli les anciennes lois de la monarchie espagnole en y appropriant des institutions *conformes aux progrès de la civilisation et aux nécessités des temps*, désirant avec S. M. I. que ces institutions pussent procurer aux Espagnols de longues années de paix et de bonheur.

L'Espagne ayant suivi une marche si judicieuse et si prudente, pourra-t-on encore différer long-temps de reconnaître son gouvernement? Est-il probable qu'un prince, disons mieux, qu'un chef et instrument à demi-passif d'une réaction et d'un parti, puisse obtenir un triomphe, même éphémère, mais qui ne tarderait pas à compromettre les principes monarchiques en Espagne? Non, cela nous paraît impossible; car nous sommes convaincu qu'au triomphe de la cause de la reine sont étroitement liés les intérêts de la monarchie modérée et ceux de la stabilité du trône, tandis que le triomphe de la cause du prétendant entraînerait une terrible réaction qui compromettrait tous ces intérêts et le prince lui-même. S'il n'est pas facile pour don Carlos de vaincre, il l'est encore moins pour ce prince de se soustraire aux exigences de son parti barbare et fanatique, qu'il ne pourrait satisfaire qu'en se décidant à régner sur les ruines de l'Espagne et en consentant à servir d'instrument pour faire rétrograder le peuple espagnol au XIIᵉ siècle. Quant aux désordres (1) et aux

(1) Nous condamnons absolument les malheureux événemens de juillet et de janvier à Madrid, ainsi que ceux de Saragosse, de Malaga, etc. Nous y voyons avec horreur des conspirateurs se couvrant du voile de l'exaltation. Nous désirerions que les tribunaux fissent leur devoir avec justice et sévérité, soit pour découvrir les causes de ces crimes, qu'on trouverait assez facilement, soit pour faire tomber le glaive de la loi sur les coupables. Nous désirerions aussi que le pouvoir législatif en Espagne examinât l'utilité que pourrait avoir pour la cause de la liberté une loi qui ferait disparaître les élémens subversifs de l'ordre social, loi dont l'opportunité est déjà reconnue dans les pays plus libres que l'Espagne. La république de Mexique, qu'on n'accusera certes pas de suivre une marche rétrograde, rendit en 1828 une loi sévère contre les sociétés secrètes qui existaient déjà sur son territoire ou qui pourraient être établies à l'avenir. Le congrès et le sénat reconnurent cette vérité éternelle, que lorsqu'il existe dans un état un pouvoir illégal, ce pouvoir est toujours plus fort que le gouvernement; qu'en présence d'un tel pouvoir il n'y a pas de gouvernement possible, même avec les principes les plus libéraux, qu'enfin l'existence d'un pouvoir illégal produit nécessairement l'anarchie, qui à son tour cause la dissolution de la société.

vierno de la reyna, no son su obra, son el natural tributo de las pasiones que por mas que se quiera no pueden dejar de ecsistir al verificarse en un pais una variacion política de tanta magnitud ¿ pero donde podrán hallarse actos ni legislatibos ni gubernatibos que tengan el sello de ídeas ó principios revolucionarios? Los mas fogosos partidarios de la oposicion reclamando libertades han confesado y reconocido impraticable el sistema que concluyó en 1823 : sus discursos cuando han perdido el ayre tranquilo de la discusion, han sido mirados por la inmensa mayoría de la nacion con fastidio y con desden; las dificultades naturales para la tranquila consolidacion del gobierno de Isabel II no proceden de doctrinas, proceden de los tristes resultados precisos en una nacion que governada como lo ha estado, ó mejor diremos sin govierno, y entregada á una faccion, está desorganizada y empobrecida; ha perdido el hábito de la obediencia, porque ni ha tenido administracion pública, ni administracion de justicia pura é imparcial, y los males que nacen de causas tan fundamentales y que datan de tan largo tiempo, no los curan las instituciones apenas han nacido, sino que es preciso tiempo y quietud para experimentar los benéficos resultados de su aplicacion, que solo pueden cogerse como frutos de la paz á que la España será deudora en gran parte á las potencias signatarias del tratado de Londres de 22 de abril de 1834.

excès qui ont eu lieu sous le gouvernement de la reine, nous ferons observer qu'ils ne proviennent pas de ce gouvernement, mais qu'ils sont l'effet des passions qui, quoi qu'on fasse, se produisent partout où s'opèrent de grands changemens politiques. Mais où trouve-t-on des actes législatifs ou administratifs qui portent le cachet d'idées ou de principes révolutionnaires? Les plus fougueux membres de l'opposition, en réclamant des libertés, ont avoué que le système qui a fini en 1823 était impraticable; leurs discours, lorsqu'ils ont eu perdu l'allure tranquille de la discussion, ont été accueillis avec dégoût et avec mépris par l'immense majorité de la nation. Les difficultés qui s'opposent naturellement à la consolidation du gouvernement d'Isabelle II ne proviennent pas de telles ou telles doctrines, mais du triste état où se trouve la nation, qui, après avoir été gouvernée comme elle l'a été, disons mieux, après avoir été livrée pendant long-temps à une faction, se trouve désorganisée, réduite à la misère, et a perdu l'habitude de l'obéissance, parce qu'elle n'a eu ni une administration politique, ni une administration judiciaire impartiale, et parce que des maux qui ont des racines si profondes et qui datent de si loin ne peuvent être guéris par des institutions qui viennent de naître. Il faut du temps et de la tranquillité pour éprouver les résultats de l'application de ces institutions, résultats qui seront le fruit de la paix dont l'Espagne sera redevable, en grande partie, aux puissances signataires du traité de Londres, du 22 avril 1834.

10

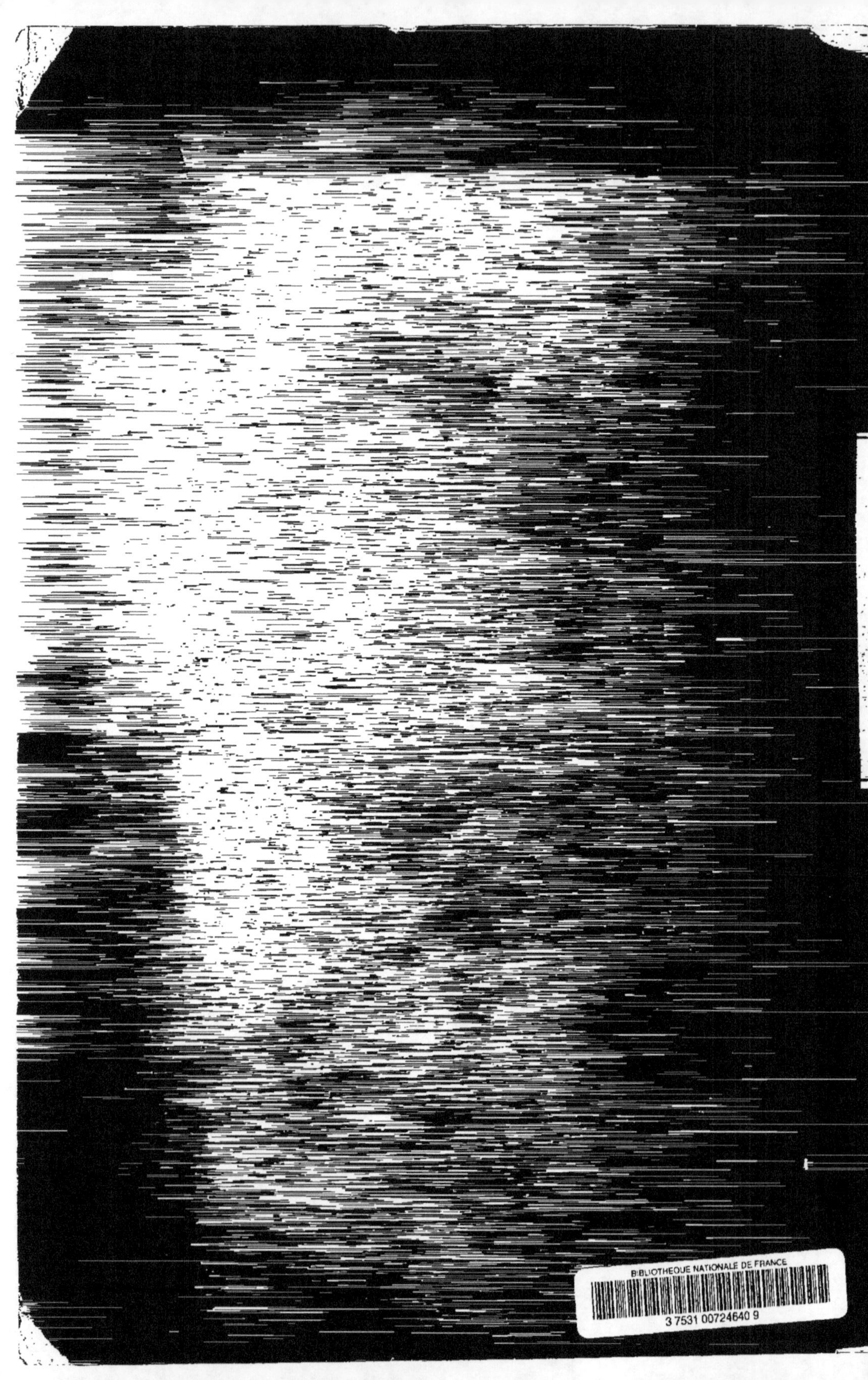